跟著Google Maps
遊札幌、小樽、函館

北海道三都物語

旅日旅遊達人
林潔珏（WAWA）

著

作者序

與其走馬看花，
還不如來個深度之旅吧！

　　北海道地大物博、風景宜人，再加上四季分明，不同的季節，有不同的風景、不同的美食特產，所以一直是國人出國旅遊的摯愛，而這幾年北海道也成了我的最愛。

　　第一次造訪北海道，因為貪心想在更多的地方留下自己的足跡，便參加日本當地旅行團舉辦的 3 天 2 夜的「彈丸之旅」，盤算一下征服的景點的確不少，但是上車睡覺、下車尿尿，來去匆匆、走馬看花的行程，在日後並沒有留下很多讓人回味再三的印象與回憶，就連我旅行當中非常重視的美食體驗，在旅行社的安排下，也不如人意。這和我理想的旅行相去甚遠，心想不行，得換個玩法才可以，於是就展開了我在北海道的深度之旅。

　　我不會開車，也是個無藥可救的路癡，因此我選擇了交通便利的札幌、小樽與函館來做嘗試。結果就和這三個新舊並融、充滿地方特殊氛圍的都市爆出了一拍即合、相見恨晚的火花。其中札幌是北海道的第一大城，小樽離札幌只需 30 多分鐘的電車車程，而函館更是道南的第一大都市，也是日本最早與外國有接觸的地方。這三個都市，優美的自然景觀自不在話下，除此之外，每個城市還有獨自開拓的歷史，而道內豐富的物產更是齊聚於此，不論是人文、物產、自然景觀，都能讓遊者獲得很大的滿足。

　　一直認為能夠深度去鑑賞一個地方，是旅行最大的醍醐味（深奧的妙趣），不要貪心，放慢腳步，親自去體驗這個地方的美、品嚐這個地方的好，相信一定能夠成為日後美好的回憶。而我親自探訪了這三個城

市數次，確確實實地享受了旅行的美好，所以用此書和大家分享。本書
有專為自助旅行的朋友設計的詳盡內容以及親切的 Google Maps 導航，
相信即使是新手也能通行無阻。

　　我在因緣際會之下，展開了長久旅居日本的生活，身為日文系的畢
業生，一直抱持著一個願望，那就是透過在日本生活的親身體驗與心
得，對臺日兩方的交流盡一己綿薄之力。如果這本書能對大家有幫助，
將是我最大的榮幸。最後借這個地方，感謝出版社同仁的協助，以及學
弟慷慨提供不同季節、不同視角的精美相片，讓這本書更豐富、更有看
頭。此外，對日本生活有興趣的朋友，也歡迎至如下網站分享我在日本
生活的點滴。

Instagram：chiehwalin
Facebook：Chieh Wa Lin
部落格：WAWA 的新家 http://chiehchueh2.pixnet.net/blog

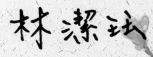

目次

札幌大通公園

02 小樽

03
函館

小樽運河

函館八幡坂

函館摩周丸

附錄

書中圖示說明

網 網址　　交 交通　　　　　休 休館日

地 地址　　營 營業時間 / 開放時間

電 電話　　費 費用

象徵札幌的鐘樓

札幌

SAPPORO

綠意盎然、集聚道內物產的泱泱大城

札幌・　新千歲機場

擁有 195 萬人口的札幌，是日本第五大都市，也是北海道最大的城市。自 1869 年在此設置開拓使以來，便逐漸發展成政治、經濟、文化的中心，同時也是前往各地的主要門戶。井然有序呈棋盤式的街道、櫛比鱗次的現代高樓當中，也錯落著「北海道廳舊本廳舍」、鐘樓等讓人可以感受到開拓時代歷史的紅磚建築和古典洋樓。此外，大通公園、北海道大學、植物園也替這座城市增添了盎然的綠意。除了觀光之外，盡享札幌的美食也是不可或缺的重頭戲，海鮮、拉麵、成吉思汗烤肉、湯咖哩等在地美食，都等待著大家來品嚐喔。

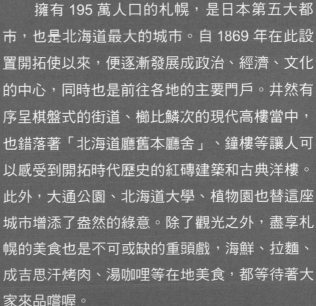

札幌交通指南　前往札幌市內的主要方式

❶ 搭乘日本國內線或台灣直飛班機至新千歲機場，再搭乘 JR「快速エアポート」（＜ ka.i.so.ku e.a.po.o.to ＞；快速機場）列車，約 37 分鐘可抵達札幌車站。快速機場列車約 15 分鐘一班，費用為 1,070 日圓，再加 520 日圓，就可利用指定席（保證有座位，而且有地方可以放置大型行李）。

❷ 由機場搭乘中央巴士或北都交通營運的「空港連絡バス」（＜ ku.u.ko.o re.n.ra.ku.ba.su ＞；機場連絡巴士），約 10 至 15 分鐘一班車，1 小時 10 分鐘可抵札幌市區，費用為 1,030 日圓。巴士在地下鐵福住、薄野、大通公園車站，以及 JR 札幌車站和多家飯店都有停靠，詳細請參考如下網頁，或詢問機場 1 樓大廳交通諮詢服務台。

http://www.hokto.co.jp/a_airport_index.htm

JR 快速機場列車的各停靠站

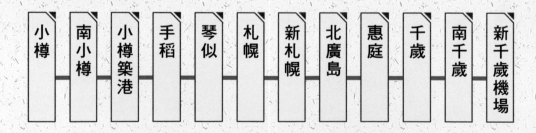

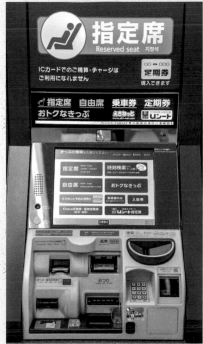

1 2 **3**

1 搭乘JR快速機場列車是抵達札幌市區最便捷的方式

2 若想搭乘指定席，可在指定席的自動售票機購票

3 不論是電車還是巴士，都可以使用Kitaka、Suica或 PASMO等交通卡

札幌市內交通路線圖

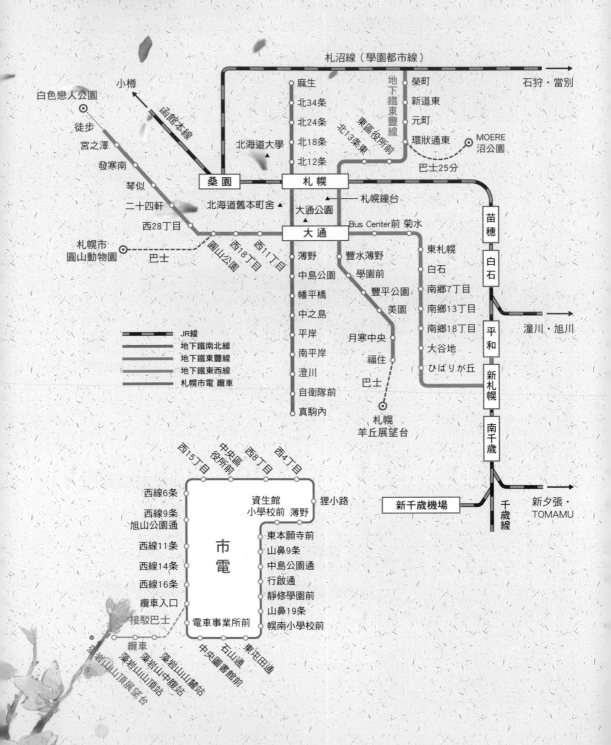

JR線
地下鐵南北線
地下鐵東豐線
地下鐵東西線
札幌市電 纜車

札幌市內的交通

　　札幌市內著名的觀光景點，幾乎都在徒步範圍，像是從 JR 札幌車站走到地下鐵或市電薄野車站，只需 20 分鐘。若要延伸腳步，還可搭乘市電、地下鐵或巴士，班次很多，非常方便。

◎地下鐵

　　地下鐵是札幌市內移動最方便的交通工具，有南北線、東西線與東豐線三條路線。大通車站是三線的交會點，南北線與東豐線也在札幌車站連接，不需要走出檢票口，就能轉換其他路線。若有需要，可購買地下鐵專用 1 日乘車券，費用為 830 日圓（兒童 420 日圓）或星期六、日、節日、年末年初（12 月 29 日至 1 月 3 日）限定的「ドニチカキップ」（＜ do.ni.chi.ka ki.p.pu ＞；DONICHIKA 乘車券），520 日圓（兒童 260 日圓），相當划算，各站的自動售票機、站務室均有售。

札幌地下鐵檢票口

地下鐵售票處

◎市電（路面電車）

　　搭乘市電欣賞沿路的風景，是融入當地生活的最佳方式。市電是從大通西 4 丁目，經藻岩山纜車入口、中央圖書館前，一直到薄野、狸小路的環狀線，逢星期六、日、節日、年末年初（12 月 29 日至 1 月 3 日），可購買優惠的「どサンこパス」（＜ do.sa.n.ko pa.su ＞；DOSANKO PASS）專用 1 日券，同行的兒童 1 人免費，費用為 360 日圓，非常划算。電車內與轉換市電的地下鐵站指定窗口均有售，詳細可參考札幌交通局官網。

＊札幌市交通局

http://www.city.sapporo.jp/st/index.html

◎巴士

　　除了穿梭市內各處的路線巴士，在這裡要特別為大家介紹的是「さっぽろうぉ～く」（＜ sa.p.po.ro wo.o.ku ＞；札幌 WALK）循環 88 巴士，這是循環札幌啤酒園、札幌工廠購物中心、大通公園等處，約 30 分鐘的路線巴士，乘車一次 210 日圓，也可購買共通 1 日乘車券（含札幌市內特殊運費區間的中央巴士全線），費用為 750 日圓，方便又划算。停靠站等詳細請參考 http://teikan.chuo-bus.co.jp/course/411。

　　另外，若嫌徒步太累，也不妨利用「都心內 100 圓巴士」來代步。在指定的區間，用現金支付的話為 100 日圓（若使用交通卡為普通運費），可利用的區間與詳細資訊請參考 http://ekibus.city.sapporo.jp/100yen/。

1 可欣賞沿路風景的市電
2 札幌巴士總站

札幌

札幌車站與周邊
JR TOWER

http://www.jr-tower.com/

JR 札幌車站

　　直接和札幌車站連結的 JR TOWER 是札幌市內最大級的複合商業設施，主要由「アピア」（＜a.pi.a＞；APIA）、「エスタ」（＜e.su.ta＞；ESTA）、「パセオ」、（＜pa.se.o＞；paseo）、「札幌ステラプレイス」（＜sa.p.po.ro su.te.ra.pu.re.e.su＞；札幌 STELLAR PLACE）4 個購物中心與「大丸百貨店」（＜da.i.ma.ru hya.k.ka.te.n＞；大丸百貨公司）、「T38 展望室」等所組成，各有特色，不論是購物、享受美食，應有盡有，光是在這裡繞上一圈，就可消磨好一陣時光，各設施的內容如下。

TIPS 地址示意圖

北

大通　　創成川

西　　　東

南

　　札幌市街的中心部呈棋盤式，地址是以大通公園為起點、南北隨著數字增加的「○条」，與以創成川為起點、東西隨著數字增加的「○丁目」組合而成。例如北6条西4丁目（標示地址時，条和丁目漢字多省略，如北6西4）。

車站周邊設施分布圖

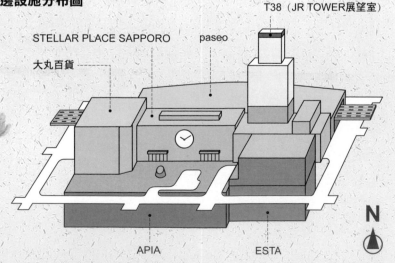

STELLAR PLACE SAPPORO　paseo　T38（JR TOWER展望室）

大丸百貨

APIA　ESTA

N

APIA

　　APIA 分 WEST 和 CENTER 兩區，WEST 主要是餐飲區，CENTER 為銷售年輕女性服飾、生活雜貨等 100 多家店鋪的區域，除了札幌車站，也和地下鐵南北線相連。

APIA

網　http://www.apiadome.com/
地　札幌市中央區北5西3・4
電　011-209-3500
營　10:00～21:00（餐廳11:00～21:30）

ESTA

　　內有百圓商店、洋溢北海道風味的美食地下街、大型電器量販店「Bic Camera」、流行服飾與雜貨店，以及拉麵控必訪的「拉麵共和國」。

ESTA

網　http://www.sapporo-esta.jp/
地　札幌市中央區北5西2
電　011-213-2111
營　10:00～21:00（餐廳11:00～22:00）

ESTA 10樓的「拉麵共和國」是拉麵控的必訪之地

paseo

　　分 WEST、CENTER、EAST 3 區，WEST 主要為餐飲區，CENTER 與 EAST 有流行服飾、生活雜貨、造型人物專門店、眼鏡店等共 200 多家店鋪。如果逛累了，也可以在 CENTER 地下 1 樓的廣場，稍做歇息。

- 網 http://www.e-paseode.com/
- 地 札幌市北區北6西2
- 電 011-213-5645
- 營 10:00～21:00（餐廳11:00～22:00）

paseo離車站最近，餐飲店也很充實

札幌 STELLAR PLACE

　　以最新的流行服飾為中心，還有化妝品、生活雜貨等 200 多家的店鋪，是札幌喜愛流行的在地人最愛逛的地方，設施裡也有很多舒適的座椅可供休憩。CENTER 街 STELLAR DINING 有 20 多家和食、迴轉壽司、義大利、北海道在地料理的餐廳，不妨參考看看。

- 網 http://www.stellarplace.net/
- 地 札幌市中央區北5西2
- 電 011-209-5100
- 營 10:00～21:00
  （STELLAR DINING 11:00～23:00）

T38展望室可將札幌市街盡收眼底

JR TOWER T38

　　離地面 160 公尺的 JR TOWER 展望室，是道內建築的最高處。從 360 度的展望室可將札幌市街和周邊的山巒盡收眼底。展覽室內還有提供咖啡或酒類的咖啡廳，建議大家不妨在晚上，點杯紅酒坐在玻璃窗前欣賞難得一見的百萬夜景吧。

JR TOWER
展望室

🌐 http://www.jr-tower.com/t38
📍 札幌市中央區北5西2
☎ 011-209-5500
🕐 10:00～23:00（最後入場時間22:30）
💰 720日圓

大丸
百貨公司　　　大丸百貨公司

大丸百貨公司札幌店

　　寬闊舒適的店內有高級名牌、流行服飾、化妝品等多樣的店鋪。特別推薦地下 1 樓的美食街「ほっぺタウン」（＜ ho.p.pe.ta.u.n ＞；食品展銷會），有都內人氣的「六花亭」、「Royce」、「LeTao」等北海道甜點名店進駐，其他如熟食便當類、酒類也很充實，而且有很多在此才買得到的限定商品，買回去當禮物再合適也不過了。

網　https://www.daimaru.co.jp/sapporo/
地　札幌市中央區北5西4
電　011-828-1111
營　10:00～20:00（餐廳街11:00～22:00）

大丸百貨地下1樓的美食街可將道內名產一網打盡

キタベル ＜ ki.ta.be.ru ＞ KITA BELL（北海道札幌食與觀光情報館）

網 http://www.city.sapporo.jp/kcizai/kanko/johokan/johokan.html

地 札幌市北區北6西4

電 011-213-5088

營 8:00～20:00

　　北海道札幌食與觀光情報館為設置於JR札幌車站出西檢票口往北口方向的設施，暱稱為「KITA BELL」，提供遊客當地實用的各式資訊，像是免費的觀光簡章、餐飲折價券、巴士時刻表等，建議大家預先前往蒐集資料，可使旅途更加順暢。

　　館內還併設有「JR綜合案內所」（服務中心），主要是提供外國人交通票券的銷售與諮詢，有中文服務，不必擔心語言不通，可善加利用。設施內還有免費WI-FI與投幣式電腦上網服務，非常方便。

　　另外，情報館內還有銷售北海道各地物產的土產店，以及提供休憩的輕食飲料區，不妨參考看看。

北海道大学
ほっかいどうだいがく
ho.k.ka.i.do.o da.i.ga.ku

北海道大學

北海道大學

北海道大學是北海道的最高學府，前身為創校於 1876 年的「札幌農學校」，初任校長為「威廉・史密斯・克拉克」（William Smith Clark）博士，歷史非常悠久，培育了很多海內外知名的優秀人材。北海道大學的校園占地非常遼闊，面積大約是 38 個東京巨蛋球場，為全國占地最大的大學。校園內除了廣植樹林，還有牧場、農場、草地、溪流，以及被指定為國家重要文化財的多棟建築物、古蹟與記念碑。雖為校園，簡直就像是一座巨大的森林公園，

網 https://www.hokudai.ac.jp/
地 札幌市北區北8西5
電 011-716-2111
交 由JR札幌車站北口徒步約7分鐘

隨著四季的更迭，展現不同的面貌，過門不入的話，豈不可惜。

首先要推薦大家的景點是從北 13 条門起，約 380 公尺的銀杏大道，每到秋天（10 月下旬至 11 上旬最佳），70 株夾道的銀杏樹閃耀著一片金黃，堪稱奇景。往裡面走去，還有 67 株高

北海道大學綜合博物館

北海道大學構內圖

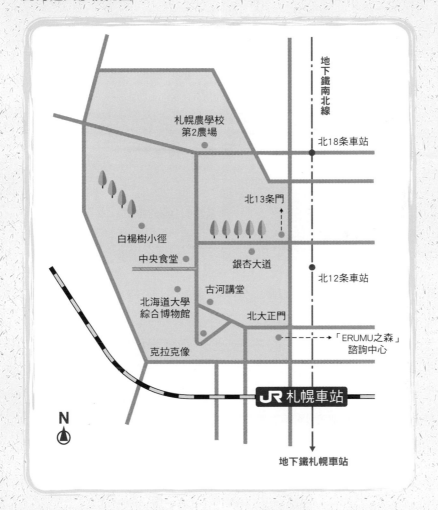

約 30 公尺的白楊樹聳立小道兩旁，看起來簡直就像是電影裡的一幕畫面，非常浪漫。

　　校園內也有提供外部遊客參觀的設施，像是札幌農學校第二農場，這是在 1876 年，依克拉克博士的構想所開設的農場。建築內部在 4 月下旬至 11 月上旬，10:00 至 16:00 對外公開。另外，從農學校時代就開始蒐集學術標本、資料的北海道大學綜合博物館，不論昆蟲、化石還是植物，藏品範疇非常廣泛，很值得入內一探究竟。博物館的開放時間為 10:00 至 17:00（6 ～ 10 月星期五至 21:00，星期一休），入館免費。另外，建築於 1909 年的古河講堂，雖然內部不開

放參觀，光是瞻仰古味純白的建築外觀，也讓人神往。

最後提醒大家不要忘了到中央食堂走一趟，個人非常推薦食堂入口處的現烤麵包店，雖然不大；但是每到開門營業的時間就有觀光客聞香而來。食堂內也提供便宜又美味的餐點，例如 2 樓食堂的湯咖哩就很建議大家嚐嚐看。

如果從正門進校園的話，不妨先在左手邊的「エルムの森」（ < e.ru. mu no mo.ri > ；榆之森諮詢中心) 索取校內的地圖，這樣逛起來會更有效率喔。

1 校內廣植樹林，並有溪流穿梭其間，宛如一座森林公園

2 參天的白楊樹夾道，宛如電影裡一幕畫面

3 在學生食堂可享受到便宜的在地美食

由財閥捐款、建設於1909年的古河講堂

每到秋季，銀杏大道就會呈現一片金黃的景象

ほっかいどうちょうきゅうほんちょうしゃ

北海道庁旧本庁舎

ho.k.ka.i.do.o.cho.o kyu.u.ho.n.cho.o.sha

北海道廳舊本廳舍

北海道廳
舊本廳舍

建設於 1888 年，直到現在的道廳落成為止，北海道廳舊本廳舍一直肩負著北海道行政中心的任務。這座醒目的紅磚赤煉瓦建築，採用的是美國新巴洛克風格，為明治時代代表的磚造建築，並於 1969 年被指定為國家重要文化財。因外壁使用了 250 萬個紅色磚頭，因此也有「紅磚頭廳舍」的暱稱。目前廳舍內部分別有北海道立文書館、樺太關係資料館、歷代知事和長官執政紀念室、北海道歷史畫廊等設施供民眾免費參觀。不僅能夠

網	http://www.pref.hokkaido.lg.jp/
地	札幌市中央區北3西6
電	011-204-5019（北海道總務部總務課）
交	由JR札幌車站南口徒步約7分鐘
營	8:45～18:00（12月29日～1月3日休）
費	免費

一窺昔日的風貌，還可閱覽許多有關北海道的開拓史、北方四島的珍貴文物資料。另外，廣植樹木，並配置花壇、魚池的前庭，風景也非常漂亮，別忘了在這裡拍照留個紀念喔。

前庭也有布滿蓮花的魚池

1 用250萬個紅磚堆砌而成的赤煉瓦廳舍

2 歷代知事與長官執政時的紀念室

3 可一窺北海道開拓歷史的畫廊

札幌市時計台
さっぽろ し と けいだい
sa.p.po.ro.shi to.ke.e da.i

札幌市鐘樓

札幌市鐘樓

札幌市鐘樓正式的名稱為「舊札幌農學校演武場」，是根據札幌農學校初任校長的提議，於 1878 年建造的木造建築。一開始是用來當作學生的武術訓練場或入學、畢業典禮的禮堂，目前被指定為國家重要文化財。1 樓的大展示室陳列有札幌開拓時代的相關史料和時鐘，2 樓為提供租借的大廳。鐘樓的時鐘，從 1881 年開始運轉，是目前日本現存最古老的擺鐘，每逢整點時刻，鐘樓會發出報時的鐘聲，1996 年還被日本環境廳選為「日本的音風景百選」。入夜時分建築外部會打燈，別有一番風情。

網 http://sapporoshi-tokeidai.jp/
地 札幌市中央區北1西2
電 011-231-0838
交 JR札幌車站徒步約10分鐘
地下鐵「大通」車站徒步約5分鐘
營 8:45～17:10
費 入場費200日圓，中學生以下免費

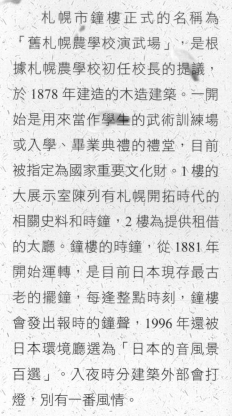

入夜後的鐘樓別有一番風情

札幌テレビ塔
さっぽろ　　　　　　とう

sa.p.po.ro te.re.bi.to.o

札幌電視塔

札幌電視塔

1957 年建於大通公園東側、高達 147.2 公尺的札幌電視塔，過去是電視的電波發信、收信塔，現在純粹當作觀光使用，但依然是札幌的地標與象徵。在塔內 90.38 公尺處的展望台，可 360 度將大通公園與札幌市街盡收眼底，天氣好的話，還可遠眺石狩平原和日本海，入夜之後，更是欣賞札幌夜景的絕佳去處。另外，在展望樓層還設有以伊勢神宮為主題的神社，據說對家內安全、夫婦圓滿、戀愛成就、學業成就、健康祈願相當靈驗，信不信就由你囉。

此外，地下 1 樓是備有拉麵店、蕎麥麵店、居酒屋、咖啡屋的餐飲區，1 樓則有著名的雪印 PARLOUR 冰淇淋賣店、遊客服務中心，3 樓為遊樂區、紀念品店、洋食餐廳，可多加利用。

網	http://www.tv-tower.co.jp/
地	札幌市中央區大通西1
電	011-241-1131
交	地下鐵「大通」車站下即抵
營	9:00～22:00（冬季為9:30～21:30）
費	展望台720日圓

1 從展望台可360度環視札幌市街
2 可以在此一嚐雪印冰淇淋的美妙滋味

大通公園

おおどおりこうえん

o.o.do.o.ri ko.o.e.n

大通公園

大通公園

位於札幌市中心位置的大通公園，東西長達1.5公里，面積約7公頃，園內有噴水池、壁泉、雕像、花壇、草坪，以及92種約4,700株的樹木，簡直就像一座戶外的美術館。不僅為繁華的都市帶來放鬆的空間，也是夏日啤酒祭、YOSAKI索朗祭（札幌市

網 http://www.sapporo-park.or.jp/odori/
地 札幌市中央區大通西
電 011-251-0438
交 地下鐵「大通」車站下即抵

6月上旬舉辦的祭典）、秋祭、冬天雪祭的主要會場，深受市民與眾多觀光客的喜愛。

為什麼會建造這麼大的公園，據說在北海道開拓當時，札幌實施棋盤狀的街區規劃與整備，現在的大通公園就是當時主要的基軸，北部為官廳區，南部為商業與住宅區，而且為了防止火災擴展延燒，當時也具有防火線的任務。

大通公園從西1丁目至12丁目主要以「交流」、「綠洲」、「聚會」、

日本明治時代詩人「石川啄木」的雕像

大通公園地圖

↑ 往桑園車站

西13丁目	西12丁目	西11丁目	西10丁目	西9丁目	西8丁目	西7丁目

札幌市資料館　　SUNKEN GARDEN　　　　　石川通　　大通公園　　有島武郎文學碑

西11丁目車站

往西18丁目車站　地下鐵東西線

由西1丁目拍攝的電視塔

「開拓」、「花」這5個主題，分成「國際交流區」、「水與光區」、「遊樂活動區」、「歷史文化區」、「Sunken Garden 區」等5個區域，各有特色，值得花點時間好好地走上一遭。

大通公園內有很多具代表性的景緻，像是西1丁目的電視塔、公園百花齊放的花壇、泉之像、12丁目的玫瑰園，都是留下到此一遊影像紀念的最佳景點喔。

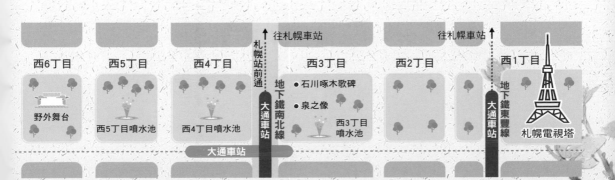

1 大通公園有花壇、草坪、噴水池、各式雕像，簡直就像一座戶外美術館
2 泉之像

地下街簡圖

北6西5

JR 札幌車站

大丸百貨

札幌 STELLAR PLACE

APIA

ESTA

北5西4　　　北5条手稲通　　　北5西1

札幌車站

札幌東急

札幌車站

札幌站前通 地下步行空間

北3西1

地下鐵南北線

北2西5　　　　　　　　　　　北2西1

札幌鐘樓

北1西4　　　北一条雁來通　　　北1西1

大通BISSE

ISHIYA CAFE

大通車站

大通西4

大通車站

札幌電視塔 ◎

地下鐵東西線

大通車站

大通西5　　　　　　　　　　　大通西1

札幌地下街 AURORA TOWN

西4丁目站

南一条通

札幌市電

札幌地下街 POLE TOWN

狸小路站

地下鐵東豐線

南3西5

南4西5　　　　　　　　　　　南4西1

薄野站　薄野站

TIPS 札幌地下街

　　札幌地下街是從JR札幌車站起，經由地下鐵大通車站，與到達南北線薄野車站約1,900公尺，以及從大通車站至札幌電視塔約310公尺3個地下通路接連而成。主要分成「チ・カ・ホ」（＜chi.ka.ho＞；札幌站前通地下步行空間）及「AURORA TOWN」（極光城）、「POLE TOWN」（北極城）3區。其中有很多出口可前往路面的大樓或觀光景點，若碰到下雨、下雪的時候，走這裡會很方便。

　　札幌站前通地下步行空間設有數個廣場，經常用來舉辦各種活動、藝術展覽和情報發信。而AURORA TOWN、POLE TOWN也是集結服飾、雜貨、餐飲店的地下商店街，喜歡購物的朋友，不妨參考看看。要注意的是地下街不是24小時開放通行，チ・カ・ホ的通行時間為5:45～24:30，AURORA TOWN的通行時間從6:30～22:30（店鋪營業時間10:00～20:00），POLE TOWN的通行時間為5:45～24:00（店鋪營業時間10:00～20:00）。各設施詳細資訊請參考如下網頁。http://www.sapporo-chikagai.jp/

1 札幌地下街入口
2 AURORA TOWN

あか
赤レンガテラス
a.ka.re.n.ga te.ra.su
紅磚露臺（AKARENGA TERRACE）

紅磚露臺

　　紅磚露臺是建築在鄰近北海道廳舊本廳舍的商業大樓。從地下1樓到4樓，集結了27家北海道內外著名的商店、餐廳和5個各具特色的露臺，不僅舒適，也很適合用來欣賞外面的風景。其中最推薦大家的是1樓的「OPEN TERRACE」，在充滿綠意的露天廣場，一邊呼吸著札幌清爽的空氣，一邊品嚐法國家常料理或甜點咖啡，好不愜意。而5樓的展望GALLERY，更是將北海道廳舊本廳舍盡收眼底的絕佳地點，不宜錯過。

網 https://mitsui-shopping-park.com/urban/akatera/storeguide/index.html

地 札幌市中央區北2西4

電 011-211-6200

交 由JR札幌車站步行約5分鐘
札幌站前通地下步行空間4號出口即抵

營 各店鋪不同，詳細請參考官網（有中文）

另外，在2樓相當具有人氣的美食自助餐廳，還可享受到嚴選的北海道各種食材，午餐有70多種（2,400日圓）、晚餐有80多種的料理（4,200日圓），值得一嚐為快。

1 在冬季以外的季節OPEN TERRACE設有座席，很適合坐在這裡享受悠閒的片刻

1 2
2 可遠眺北海道廳舊本廳舍的紅磚露臺

TIPS 札幌市北 3 条廣場

暱稱「アカプラ」（＜ a.ka.pu.ra ＞；AKAPLA），位於紅磚露臺北側，為連結札幌站前通與北海道廳舊本廳舍的步行者專用空間，主要是為了提供大眾享受大人文化、透過四季感受札幌之美、享受休憩的生活而設置。在這裡每年會舉辦燈飾、花展、盆踊、市集等各式各樣的活動，活動詳細請參考如下網頁。http://www.kita3jo-plaza.jp/

另外值得一提的是廣場兩邊29株的銀杏樹，據說是在1925年由東京運來，為北海道最古老的街路樹，每逢秋季，銀杏葉會染成一片金黃，更具浪漫的風味。

札幌市北3条廣場

大通ビッセ

おおどおり

o.o.do.o.ri bi.s.se

大通 BISSE

大通 BISSE

「大通 BISSE」就位在札幌站前通與大通公園的交叉口，為札幌市主要的地標之一。首先要推薦大家的是位在 1 樓、齊聚北海道內人氣甜點的「BISSE SWEETS」，而像是「SNAFFLE'S」最受歡迎的舒芙蕾小起士蛋糕、「BOCCA」的白色布丁、「町村農場」的霜淇淋與甜甜圈、「月寒」的紅豆麵包、「KINOTOYA」的起士塔，都可以在這裡一網打盡。各店鋪購買的商品，可在中央舒適的座位區自由享用，喜歡甜點的朋友不來朝聖一下怎行。

BISSE 的 3、4 樓也有各式餐廳，如「肉の割烹田村」（燒肉）、「鮨葵」（壽司）、「炭焼・寿し処 炙屋」（海鮮燒烤、壽司、生魚片等），可飽嚐北海道產的食材。另外要購買紀念品的話，這裡也有職人精心製作的各種雜貨，如皮革製品和玻璃製品，可以順道看看。

網 https://www.odori-bisse.com/

地 札幌市中央區大通西3-7 北洋大通Center

電 各店鋪各有不同，詳細請參考官網

交 地下鐵「大通」車站下即抵
地下步行空間13號出口

營 7:00～23:00（營業時間各店鋪各有不同）

1 位於站前通與大通公園的交叉口，非常醒目
2 集結北海道人氣甜點的BISSE SWEETS

狸小路商店街
たぬきこう じ しょうてんがい
ta.nu.ki.ko.o.ji sho.o.te.n.ga.i

狸小路商店街

狸小路
商店街

位於札幌市中心的狸小路商店街，是一條從西 1 丁目至 7 丁目、東西橫貫約 1 公里的古老商店街。據説從 1869 年，明治政府在札幌設置北海道開拓使之後，在現在的 2、3 丁目便開始出現商店和飲食店。目前約有 200 多家新舊雜陳的餐飲店、服飾店、鞋店、食品店、藥妝店、土產店、甜點店等店鋪座落於此。整條商店街都有提供免費的 WI-FI，再加上完備的拱廊屋頂，逛起街來不怕風吹雨打日曬下雪，非常舒適，是海內外觀光客熱門的購物區之一。要提醒大家的是有很多店鋪都有免稅服務，購物時別忘了辦理免稅優惠喔。

另外，為了紀念狸小路 100 周年，1973 年在狸小路 5 丁目之處設置了一座名叫「本鎮狸大明神」的神社來守護，據説這裡祭祀的狸貓有八德（觸摸狸貓身上 8 個地方，會帶來好運），有很多參拜者前來造訪，經過的話，別忘了駐足參拜一下喔。

網 http://www.tanukikoji.or.jp/
地 札幌市中央區南2・南3西1～7丁目
電 011-241-5125
　　（札幌狸小路商店街振興組合）
交 由JR札幌車站徒步約15分鐘
　　地下鐵「大通」車站下，徒步約5分鐘
　　地下鐵「薄野」車站下，徒步約3分鐘
營 各店鋪不同

位於站前通與商店街交叉口的「唐吉軻德」，是深受國人歡迎的購物處

東西橫貫約1公里的狸小路商店街

すすきの

su.su.ki.no

薄野

薄野

　　薄野是指南 4～8 条、西 2～6 丁目這帶的地區。但薄野並非正式地名，據說是因為從前在此有薄野遊廓（妓院）而得名。每到夜晚，無數的霓虹燈便開始發出耀眼的光芒，特別是在薄野交叉口 NIKKA 威士忌的霓虹招牌，更是薄野交叉口的象徵，宛如迎接著準備享受夜生活的人潮。

　　薄野和東京都的歌舞伎町、福岡縣的中洲並稱日本全國三大歡樂街。大約有 4,500 多家飲食店、酒吧和俱樂部等特種營業密集在各處雜居大樓。雖說是歡樂街，但因為有很多人氣的居酒屋、拉麵店、海鮮專門店等餐飲店座落於此，還是有很多觀光客會專程來此用餐。

網　http://www.susukino-ta.jp/
地　札幌市中央區南4～8条，西2～6丁目
電　011-518-2005（薄野觀光協會）
交　由JR札幌車站徒步約20分鐘
　　地下鐵「薄野」車站下即抵

越夜越美的薄野歡樂街

　　另外推薦大家一個夜晚的絕佳去處，那就是位於薄野鬧區附近的「ノルベサ」（＜no.ru.be.sa＞；NORBESA）摩天輪（地址：札幌市中央區南3条西5丁月1-1，營業時間：星期日～四11:00～23:00，星期五、六、節日前一天11:00～清晨3:00）。乘坐這座位於NORBESA購物中心屋頂的摩天輪，可以不同的視角欣賞札幌的夜景，相信會有不同的感受。繞行一周約10分鐘，費用為600日圓。詳細資訊可參考如下網頁。http://www.norbesa.jp/

1 乘坐摩天輪用另一種視角欣賞札幌夜景
2 摩天輪下的NORBESA購物中心很適合年輕族群

二条市場
に じょういち ば

ni.jo.o i.chi.ba

二条市場

二条市場

被稱為「札幌的廚房」的二條市場，從明治時代營業至今，已歷經百年以上的歲月，雖變成觀光勝地，但當地市民與餐飲店的師傅也會來此採買。市場除了銷售北海道盛產的鮭魚、海膽、螃蟹、牡蠣、扇貝等生猛海鮮，也有海產加工產品以及北海道特產的馬鈴薯、玉米、哈密瓜等蔬果，目前約有50多家店鋪在此營業。新鮮

網 http://nijomarket.com/

地 札幌市中央區南3條東1丁目

電 011-222-5308

交 由JR札幌車站南口徒步約20分鐘
由地下鐵「大通」車站34號出口徒步約5分鐘

營 大致為7:00～18:00，飲食店6:00～21:00（各家店鋪略有不同）

二條市場離大通與薄野不遠，非常方便前往

1

2 3

1 銷售新鮮海產、海產加工品和蔬果的商店
櫛比鱗次

2 生猛海鮮可請店家代為烹調

3 市場內發現的吉祥物

的海產雖然帶不回去，但可在設有內用區或休息處的店鋪選購之後，請店家代為簡單烹調，就不會空留遺憾。

另外，有很多店家會陳售處理好的海膽、生蠔或是烤熟的貝類，價格也相當合理，一路吃下去，一定盡興。

若吃不過癮，這裡也有道地的小型食堂，提供生魚片、海鮮蓋飯、烤螃蟹、烤魚等各式新鮮的海味，相信一定能滿足大家的食慾。

45

サッポロファクトリー

sa.p.po.ro fa.ku.to.ri.i

SAPPORO FACTORY（札幌工廠）

札幌工廠

　光聽名稱，或許會感到訝異，這座在 1993 年落成的大型商業複合設施為什麼取名叫「札幌工廠」？那是因為該設施的用地是 1876 年開始作業生產的「開拓使麥酒釀造所」，也就是到 1989 年為止仍持續生產的札幌啤酒第一工廠的舊址而得名。

　整個購物中心分前線館、1 條館、2 條館、中廳、3 條館、磚館、西館，共有 160 多家店鋪，而連繫 2 條館與 3 條館的中廳是整個札幌工廠的象徵所在，內有開放的屋內庭園，一年四季洋溢著綠意，常被用來當作活動的會場。其他像 1 條館有寵物店、遊樂廳、百圓商店、咖啡屋、攀岩館；2 條館有戶外休閒運動專門店、服飾、生活雜貨與美食餐廳；3 條館有裝潢、生活雜貨、流行服飾與餐廳；前線館有和生活密切相關的超市和藥妝店。至於磚館，則有提供大家了解札幌啤酒歷史的設施、啤酒屋，以及北海道職人製作的手工藝品店等等。最後就是飯店和運動俱樂部、餐廳所在的西館。若天氣不佳，這裡絕對是個消磨時光的好去處。

網 https://sapporofactory.jp/
地 札幌市中央區北2条東4丁目
電 011-207-5000
交 由JR札幌車站徒步約12分鐘
　　地下鐵東西線「BUS CENTER前」
　　車站下，由8號出口徒步約3分鐘
營 【商場】10:00～20:00
　　【餐廳】11:00～22:00

工廠旁的大煙囪非常醒目

1　充滿綠意的屋內庭園廣場，常舉辦各種活動

1		2　洋溢昔日啤酒工廠氛圍的餐廳裝潢
2	3	3　既然來到此地，不喝一杯怎行

北海道神宮・円山公園
ほっかいどうじんぐう　まるやまこうえん

ho.k.ka.i.do.o ji.n.gu.u ma.ru.ya.ma.ko.o.e.n

北海道神宮・圓山公園

北海道神宮

圓山公園

座落在圓山公園的北海道神宮，為奉明治天皇之詔而創建的神社，祭祀的是北海道開拓的守護神，也是北海道的總鎮守，至今約150年的歷史。除了莊嚴樸實的本社殿，境內還有祭祀礦山勞動殉職者的礦靈神社、祭祀37位開拓功勞者的開拓神社與祭祀北海道拓殖銀行功勞者的穗多木神社。

另外，在環抱神宮的圓山公園內，廣植了1,100株的櫻花，每到5月的櫻花季，就會吸引慕名的人潮來此賞花，一片粉紅花海的景緻，一定會讓大家留下深刻的印象。如果走累

了，可前往六花亭的神宮茶屋店，稍做休息。很推薦大家這裡的名物「判官さま」（＜ ha.n.ga.n sa.ma ＞；
はんがん
判官餅），這是用蕎麥麵粉皮包紅豆餡製作而成的點心，特別是剛烤出來的非常美味。

網 http://www.hokkaidojingu.or.jp/

地 札幌市中央區宮ヶ丘47

電 011-611-0261

交 地下鐵東西線「圓山公園」車站下，徒步約15分鐘

營 6:00～17:00（應季節會有變動）

1 穿越鳥居之後，在前往社殿的兩側有許多銷售小吃的攤販。

1 2　2 莊嚴樸實的本社殿。

1 在充滿花香綠意的園內散策也是愉快。

2 不妨抽個籤，看看自己的運勢。

3 每到花季有很多市民會來此烤肉，蔚為一番特殊的景象。

白い恋人パーク
しろ　　　こいびと

shi.ro.i ko.i.bi.to pa.a ku

白色戀人公園

白色戀人
公園

在北海道，不論是機場、車站、土產店都有陳售白色戀人巧克力夾心餅，可説是觀光客必買的伴手禮之一。而白色戀人公園，就是由製造廠商「石屋製菓」利用過去的廠房所改建的娛樂設施。設施內的博物館和工廠除了提供遊客付費參觀，還可在工房體驗手作甜點，有興趣的朋友不妨報名參加。

館外的英式玫瑰花園，也是此處的魅力之一。園內種植的玫瑰高達200多種，盛開的玫瑰，搭配如童話

網	http://www.shiroikoibitopark.jp/
地	札幌市西區宮之澤2-2-11-36
電	011-666-1481
交	地下鐵東西線「宮之澤」車站下，徒步約7分鐘
營	9:00～18:00
費	入館費600日圓（館外花園、商店、餐廳免費）

般的建築與陳設，非常浪漫。另外，若有小朋友同遊的話，也可以搭乘遊園小火車，一趟約10分鐘，途中會經過用糖果做的房屋或隧道，相當有趣。

仿歐洲哥德式的建築與藝術造景，讓人彷彿置身童話世界

1 玫瑰園中種植的玫瑰高達200多種
2 深受觀光客喜愛的白色戀人系列產品

札幌羊ヶ丘展望台
さっぽろひつじ　おかてんぼうだい

sa.p.po.ro hi.tsu.ji.ga.o.ka te.n.bo.o.da.i

札幌羊丘展望台

札幌羊丘
展望台

網　https://www.hitsujigaoka.jp/

地　札幌市豊平區羊ヶ丘1

電　011-851-3080

交　地下鐵東豐線「福住」車站下，搭乘前往羊丘展望台的中央巴士約10分鐘至終點即抵

營　9:00～17:00（應季節有變化）

費　入場費520日圓

　　羊丘展望台是利用北海道農業試驗場的一部分所設的展望台，站在這裡，可以遠眺札幌市街和石狩平野的壯大景觀與放牧在草坪上的羊群。每逢夏季，休息處後方的白樺樹林對面，薰衣草開滿遍野，7月中旬是最佳欣賞的時機。附近還有免費的足湯，可

由展望台可遠眺札幌市街與石狩平野

以在牧場的氛圍中，享受舒適的片刻。如果餓了，休息處有提供人氣的成吉思汗烤肉或定食，可一飽口福。

　　不過展望台最引人矚目的應該是北海道開拓之父、札幌農學校第一任校長威廉・史密斯・克拉克的銅像。手指指向遠方是表達「永恆的真理就在遙遠的彼岸」。他還留下一句「Boys Be Ambitious!」勉勵少年們要胸懷大志。來到這裡的遊客多半會模仿銅像的姿勢拍照留念。有興趣的話，還可以花100日圓，把自己的夢想寫在「胸懷大志的誓言」紙上，投入銅像的信箱孔，說不定會很快實現喔。

1 永恆的真理就在遙遠的彼岸
2 夏季期間可看到羊群放牧的風景

沒吃到這些就不能說來過札幌！！

味噌ラーメン
mi.so.ra.a.me.n
味噌拉麵

　　説到札幌的美食，相信很多人會馬上想到經典的味噌拉麵。的確，走在街上到處都可看到味噌拉麵的招牌。據説大正時代剛開始出現拉麵時，是以醬油為湯底，而味噌拉麵是在 1950 年代，由「味の三平」的初代店主研發而來，之後才演變成札幌拉麵代名詞。一般來説，味噌拉麵使用的是大條又有咬勁的捲麵，而洋蔥、豆芽菜、玉米、筍干、奶油是常見配料，有些店家也會放絞肉，至於湯頭則是以豬骨熬煮，加上各家獨自調配的味噌，味道一級棒。特別是在寒冷的冬天，來一碗熱騰騰的味噌拉麵，暖胃又暖心。

加上奶油更添風味

ジンギスカン
ji.n.gi.su.ka.n
成吉思汗（烤羊肉）

　　把羊肉放在鐵鍋上燒烤的成吉思汗據說是發源於北海道的料理，在 1950 年開始普遍起來。一般使用的羊肉有未滿 1 歲的「ラム」（＜ ra.mu ＞；lamb；羔羊），和滿 2 歲以上較熟成的「マトン」（＜ ma.to.n ＞；mutton；羊肉），前者肉質柔軟滋味清爽，後者濃厚馥郁，帶有咬勁。另外，烤羊肉的吃法也分兩種，一種是把羊肉先浸泡在醬汁裡，另一種是生肉燒烤後，再沾醬汁，各有不同的風味。第一次品嚐成吉思汗烤肉的朋友，或許不知從何下手，烤法很簡單，首先將蔬菜在鐵盤排滿一圈，中間突起的地方空出來，鍋子熱了之後，再放上肉，等肉變色再翻面，待兩面都烤成漂亮的金黃色之後，就可以和蔬菜一起放進嘴裡囉。

含脂量較少的羊肉與大量的蔬菜，吃起來很健康

スープカレー
su.u.pu.ka.re.e
湯咖哩

目前已成為札幌代表美食的湯咖哩

　　湯咖哩是在 30 多年前誕生於札幌，現今已成札幌的代表美食，並擴展到日本全國。之所以人氣，是因為變化很多。像是湯頭，就有清爽的和風，或加上番茄，略

顯酸味，或是以豬骨或魚介類為底、滋味較為濃郁的湯頭。至於配料，一般來説，切成大塊的蔬菜，例如馬鈴薯、胡蘿蔔、南瓜、洋蔥、茄子和雞腿最為普遍，另外也有菇類或海鮮，甚至有些店家還放納豆呢。至於吃法，可以淋在飯上，也可以把飯浸在湯裡皆可。大部分的店家都可以選擇

市面上也有銷售湯咖哩的真空包裝

辣度，而且很多以號碼來標示，不妨挑戰看看，又香又辣一定過癮，如果吃不夠還可以買真空包裝回去喔。

かに
ka.ni
螃蟹

光是清蒸等簡單的烹調方式，就讓人回味無窮

相信大啖螃蟹是很多人到北海道的目的之一，因此有很多旅行團都會安排螃蟹吃到飽的行程。説到北海道盛產的螃蟹，不能不提帝王蟹、毛蟹、松葉蟹、花開蟹這四大美蟹，在嚴寒的海域抓到的螃蟹，蟹肉飽滿實在，蟹膏也很豐富，不論是生吃、清蒸，還是做成天婦羅或燒烤都很美味。若想吃個過癮，不妨選擇吃到飽，若想精緻些，也有很多螃蟹專門店提供成套的套餐，吃法也有多種變化，或許會有很多新發現喔。

螃蟹吃到飽，挑戰極限

來碗滿滿海膽的蓋飯，
享受頂級的奢華

かいせんりょう り
海鮮料理
ka.i.se.n ryo.o.ri
海鮮料理

　　北海道四周環繞日本海、太平洋、鄂霍次克海，是盛產海鮮的寶庫，而札幌又是北海道各地漁產的聚集地，因此不僅種類繁多，水準也很高，一年四季都可以享受數十種美味的海產。像是沒有添加任何添加料的新鮮海膽、肉質細緻甜美的牡丹蝦、北海道才有的蝦夷鮑或特產魚類，都不能錯過。最有人氣的料理方式無疑是到處都看得到的壽司、海鮮蓋飯，配料可是又人又新鮮。不習慣吃生食的話，也有天婦羅、燒烤、蒸煮等料理方式，就等大家來品嚐囉。

可同時享受多種配料的壽司

餐飲店常見的烤鯰魚

スイーツ
su.i.i.tsu
甜點

　　被稱為酪農王國的北海道，盛產的牛奶就占日本全國 40%，而且有很好的品質與口碑，用北海道的牛奶或乳製品製成的甜點，自然而然就成了北海道的魅力之一。很有趣的是一般日本人喝完了酒會去吃拉麵，但札幌當地人卻喜歡用聖代來做終結，因此也有「シメパフェ」（< shi.me.pa.fe >；做終結的聖代）和「夜パフェ」（< yo.ru.pa.fe >；晚上的聖代）這樣語詞出現，造訪北海道時，不妨入境隨俗，說不定會有新鮮的感受喔。

札幌市內處處可見銷售聖代的專門店

多樣的甜點讓人目不暇給

札幌らーめん共和国
sa.p.po.ro ra.a.me.n kyo.o.wa.ko.ku
札幌拉麵共和國

札幌拉麵
共和國

拉麵共和國是位於 JR 札幌車站旁、ESTA 百貨 10 樓的拉麵主題園區。相信一到入口處，就會被懸掛的紅燈籠、貼在牆上的復古海報給吸引，很多遊客會在這裡拍照留念。陳設在館內中央 SL 廣場的蒸氣火車「SL なると號」迫力十足，同樣是遊客喜愛的拍照景點。另外，館內還設置有祭祀拉麵神的拉麵神社，據說讓懸掛的鈴發出響聲，就會有奇蹟出現。附設的北乃蓮華商店街，也是復古味十足，木頭櫥窗、舊式招牌、昭和時代的店鋪陳設，讓人彷彿搭乘時光機回到過去，非常有趣。

入口處紅燈籠、舊時海報的佈置非常引人矚目，要過門不入也難

　　雖然光是參觀內部昭和的街景就不虛此行，不過既然來到拉麵的主題園區，不品嚐一下這裡的拉麵總是說不過去。目前有札幌的「白樺山莊」、「みその」（美園）、「吉山商店」、「空」，函館的「あじさい」（味彩），小樽的「初代」，旭川的「梅光軒」，以及新潟的「潤」等 8 家來自北海道各地及新潟的人氣拉麵店，各有特色，不分軒輊，可視個人喜好來選擇。若下不了抉擇，不妨看看遊客票選的排行，會是不錯的參考。

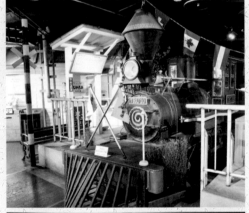

網　http://www.sapporo-esta.jp/ramen

地　札幌市中央區北 5 条西 2 丁目 ESTA 10F

電　011-209-5031

交　JR 札幌車站旁

營　11:00 ～ 22:00（LO 21:45）

1 置身其中，彷彿搭乘時光機回到過去的北乃蓮華商店街

2 迫力十足的蒸氣火車「SLなると號」

3 各店的位置圖

回転寿司根室花まる
<ruby>回転<rt>かいてん</rt></ruby><ruby>寿司<rt>ずし</rt></ruby><ruby>根室<rt>ねむろ</rt></ruby><ruby>花<rt>はな</rt></ruby>まる

JR タワーステラプレイス<ruby>店<rt>てん</rt></ruby>

ka.i.te.n zu.shi ne.mu.ro ha.na.ma.ru je.a.ru ta.wa.a su.te.ra.pu.re.e.su te.n

迴轉壽司根室花丸 JR TOWER STELLAR PLACE 店

迴轉壽司
根室花丸

得知這家店是因為看到開在東京車站 KITTE 和銀座東急廣場的分店總是大排長龍，既然來到本店所在的北海道，當然要來朝聖一下，果然名不虛傳。使用魚貨主要來自根室、釧路與襟裳等地。除了北海道四季應時的扇貝、北寄貝、秋刀魚、牡丹蝦等魚貝類壽司，還有不少其他壽司店難得一見的「たらばふんどし」（< ta.ra.ba fu.n.do.shi >；鱈場蟹腹肉），或多些店家獨到功夫如「<ruby>紅鮭<rt>べにしゃけ</rt></ruby>すじこ<ruby>醤油漬<rt>しょうゆづけ</rt></ruby>」（< be.ni sha.ke su.ji.ko sho.o.yu.zu.ke >；鮭魚筋子醬油漬）等壽司，價格 130 日圓起，吃起來心理不會有負擔，難怪每到用餐時間，總是一位難求。不想久候的話，15:00～17:00 會比較空。其他分店請參考官網（有中文）。

網 http://www.sushi-hanamaru.com/
地 札幌市中央區北5西2 JR TOWER STELLAR PLACE 6F
電 011-209-5330
交 JR 札幌車站旁
營 11:00～22:40（LO）

1 店內總是座無虛席
2 其他壽司店難得一見的鱈場蟹腹肉壽司

町の寿し屋 四季花まる パセオ店

ma.chi no su.shi.ya shi.ki ha.na.ma.ru pa.se.o te.n

街上的壽司屋 四季花丸 paseo 店

街上的壽司
屋四季花丸

網 http://www.sushi-hanamaru.com/

地 札幌市北區北6条西2丁目1番地7
PASEO WEST B1F

電 011-213-5870

交 JR札幌車站旁

營 11:00～23:00（LO 22:30）

「四季花丸」是由前面介紹的迴轉壽司「根室花丸」所經營的壽司店，同樣是以根室為中心，從北海道各地嚴選食材。不同的是少了很多迴轉壽司殺伐的氣息，多了許多的悠閒，可以靜下心來慢慢享用。雖說是道地的壽司店，但價格平易近人，不必擔心荷包的深度，菜單的變化也遠比迴轉壽司豐富，單點的壽司不用說，各式各樣實惠的套餐，搭配季節盛產的蔬菜與自豪的魚貝類所製作的單點料理也非常充實。至於喜歡日本酒的朋友，這裡也提供多樣的地產酒類。若想用迴轉壽司的價錢，享受高級壽司店的服務，就是這裡囉。其他分店請參考官網（有中文）。

1 店內寬敞舒適，可悠閒地慢慢享用
2 單點壽司的種類非常豐富
3 也有經濟實惠的套餐可供選擇

札幌開拓使 札幌ファクトリー店

さっぽろかいたくし　さっぽろ　　　　　　　　てん

sa.p.po.ro ka.i.ta.ku.shi sa.p.po.ro fa.ku.to.ri.i te.n

札幌開拓使 札幌工廠店

札幌開拓使

　　該店利用的是札幌開拓使麥酒釀造所舊址所建設的札幌工廠磚館 1 樓空間，紅磚隧道型的店內洋溢著開拓當時粗曠豪邁的氛圍。一進店門，服務生會先問你要不要烤肉，若肚子有充分容納的空間，當然要烤，要是錯過札幌道地的成吉斯汗烤肉就可惜了。羊肉可選擇生羊肉或浸泡醬汁的羊肉，搭配地產的蔬菜，烤起來真的會讓人食指大動。

網 https://r.gnavi.co.jp/h001200/

地 札幌市中央區北 2 東 4
　　札幌工廠磚館 1F

電 011-207-5959

交 地下鐵東西線「BUS CENTER 前」
　　車站下，由 8 號出口徒步約 5 分鐘

營 11:00 ～ 22:00（LO 21:30）

日本最大級的啤酒屋

因為前身是啤酒釀造所，當然也少不了生啤酒，全部11種，種類非常豐富，特別是該店才喝得到的地啤，絕對不能錯過。如果只想暢飲啤酒的話，這裡也有提供豐富的下酒菜，而且使用的都是北海道的特產食材，像是烤螃蟹、烏賊素麵、炸羊肉、羊肉炒麵、各式香腸、醋醃鯡魚等等，光是享用這些下酒菜也能盡興。料理有單點、套餐和吃到飽喝到飽等多種選擇，就以當天的肚量來決定吧。

1		1 成吉思汗烤肉區——麥羊亭
2	3	2 既然遠道而來，就來杯沁涼的生啤酒吧
		3 羊肉與蔬菜完美的結合

北海道かに将軍 札幌本店
ほっかいどう　　　　　しょうぐん　さっぽろほんてん

ho.k.ka.i.do.o ka.ni.sho.o.gu.n sa.p.po.ro ho.n.te.n

北海道螃蟹將軍 札幌本店

北海道
螃蟹將軍

高高懸掛在屋頂的螃蟹招牌非常醒目

　　來到北海道，大啖螃蟹是絕對不能遺漏的行程，螃蟹除了種類不同，吃法也有多種變化，這時候螃蟹專門店絕對是最佳的選擇，既然遠到而來，吃不過癮怎麼對得起自己。

　　螃蟹將軍是海內外知名度極高的大型螃蟹專門店，偌大的螃蟹招牌高高掛在屋頂，非常醒目。店內一年四季都有提供松葉蟹、鱈場蟹、毛蟹這北海道三大名蟹，不論是單點、御膳、還是豪華會席、套餐，內容都很豐富。很推薦大家這裡的「しゃぶしゃぶコース」（＜sha.bu.sha.bu ko.o.su＞；涮涮鍋套餐），含前菜、螃蟹豆腐、松葉蟹刺身、醋

網 http://www.kani-ya.co.jp/shogun/sapporo/

地 札幌市中央區南 4 条西 2-14-6

電 011-222-2588

交 地下鐵「薄野」車站下，由 2 號出口徒步約 2 分鐘

營 11:00 ～ 22:30（LO 22:00）

漬松葉蟹、炸物、松葉蟹涮涮鍋等多種品項，特別是吃完涮涮鍋之後，店家會幫你製作「雜炊」（用涮涮鍋剩餘的湯汁製作的蛋粥），吸滿整個螃蟹鍋精華的蛋粥，灑上一些蔥花與海苔，畫龍點睛，足以讓人銷魂。

就餐點的內容來說，價格的設定算是相當合理，若預算不多，很推薦午餐才提供的「お値打ちびっくりメニュー」（＜ o.ne.u.chi bi.k.ku.ri me.nyu.u ＞；超值驚喜菜單），雖然價格便宜很多，但內容一點也不會遜色，不妨參考看看。

| 1 | 2 |
| 3 | 4 |

1 招牌料理——涮涮鍋
2 鮮甜的螃蟹刺身
3 吸滿整個螃蟹鍋精華的雜炊
4 好螃蟹就是要像這樣肉質飽滿

海鮮バイキング 難陀
かいせん　　　　　　　　　　　　　　なんだ

ka.i.se.n ba.i.ki.n.gu na.n.da

海鮮自助餐 難陀

海鮮自助餐
難陀

　　北海道物產豐饒，無論是海產、農產、畜牧都很興盛，要一次網羅北海道的美食，似乎只有吃到飽才辦得到。難陀使用北海道三大螃蟹、北海道特產鮮魚、鮪魚、海膽、鮭魚卵、活扇貝、牡蠣、黑毛和牛、哈密瓜等多種食材，並以壽司、生魚片、燒烤、天婦羅等多種的料理方式來滿足顧客的食慾。不論是午餐還是晚餐，料理、水果和甜點加起來就足足有 130 多種。

網	http://g-nanda.com/
地	札幌市中央區南 5 西 2 丁目　數碼城大廈 B2F
電	011-532-7887
交	地下鐵東豐線「豐水薄野」車站 4 號出口徒步約 1 分鐘
營	【午餐】11:00 ～ 16:00（LO 15:00）　【晚餐】16:00 ～ 22:10（LO 20:10）

提供的料理高達130種，非常豐富

1 用享有世界專利的烤爐，烤起來美味又多汁
2 香味四溢的新鮮烤貝，讓人垂涎
3 也有牛肉、羊肉、雞肉等多種肉類

1	
2	3

　　收費方面，午餐吃到飽附軟飲料，大人 3,700 日圓，6 ～ 11 歲兒童 2,400 日圓，2 ～ 5 歲幼兒 1,000 日圓，若加酒類的話，大人為 4,700 日圓，限時 70 分鐘。晚餐吃到飽，大人 4,730 日圓（含軟飲料），兒童 2,970 日圓（含軟飲料），幼兒 1,160 日圓，若需要酒類的話，大人為 5,930 日圓。

另外還有加上鮑魚的吃到飽，大人為 9,980 日圓，限時 100 分鐘。（以上皆不含稅）。

　　另外，值得一提的是該店使用的是擁有世界專利的紅外線高速烤爐，能將食材美味充分提顯出來，一定要試試看。

どんぶり茶屋
ちゃや

do.n.bu.ri cha.ya

丼飯茶屋

丼飯茶屋

　　位於札幌歷史最悠久的二条市場，使用的食材都是來自該市場，非常新鮮，再加上店主原是經營魚店，挑選魚貨的眼光也是一級等。「丸鮮丼」是該店人氣 NO 1 的招牌料理，由鮭魚卵和鮭魚的親子丼、海膽扇貝丼、松葉蟹肉丼、牡丹蝦與鮪魚丼 4 碗不同配料的海鮮丼與味噌湯組合而成，很適合一次想品嚐多種配料的朋友。因為分量很多，若擔心吃不完，可選擇不同配料搭配的海鮮蓋飯。另外，將配料加以炙烤的手續，把整個鮮味封起來的炙烤丼也很受歡迎，例如鮪魚照燒丼、烤扇貝丼。丼飯茶屋在新千歲機場與小樽堺町通也有分店，詳細請參考官網。

網	http://www.donburi.jp/
地	札幌市中央區南 3 条東 1-7 二条市場內
電	011-200-2233
交	由地下鐵「大通」車站步行約 7 分鐘
營	7:30 ～ 17:30（LO 17:00），元旦休

1 在此用餐可感受到市場的活力
2 也有豐富的單點菜單可供挑選
3 海膽、鮭魚卵、蟹肉交織而成的豪華蓋飯

1
2 3

滋味馥郁濃厚，享有穩定的人氣

味の時計台 駅前通り総本店
あじ と けいだい えきまえどお そうほんてん

a.ji no to.ke.e.da.i e.ki.ma.e do.o.ri so.o.ho.n.te.n

味之時計台 站前通總本店

味之時計台

擁有 45 年以上的歷史，不僅日本全國，海外也有分店，是北海道民相當熟悉的連鎖拉麵店，也深受海外觀光客的歡迎。說到札幌的拉麵，相信大家會馬上聯想到味噌拉麵，該店的招牌味噌拉麵，選用的是自家工廠生產、富有彈性的中粗捲麵，搭配用豬骨蔬菜費時熬煮的高湯，再放上爽脆的群帶菜梗和特製的叉燒，馥郁香醇，滋味非常獨特，難怪享有穩定的人氣。

網 http://www.ajino-tokeidai.co.jp/
地 札幌市中央區北 1 条 3 丁目 1（敷島北 1 条大樓 B1）
電 011-232-8171
交 地下鐵「札幌」車站徒步約 10 分鐘
營 11:00 ～翌日 1:00

另外，也推薦大家很具北海道風味的扇貝奶油玉米拉麵，肉厚實在的新鮮扇貝吃起來很有彈性，搭配奶油和甜美的玉米可説是天作之合。

六花亭 札幌本店
ろっかてい さっぽろほんてん

ro.k.ka.te.e sa.p.po.ro ho.n.te.n

六花亭 札幌本店

六花亭

　若説到北海道代表的甜點製造
商，一定漏不掉「六花亭」這個名號，
不論是機場還是車站的土產店幾乎都
看得到六花亭的商品。像是招牌的「マ
ルセイバターサンド」（< ma.ru.se.e
ba.ta.a sa.n.do >；奶油夾心餅乾），就
享有極高的人氣，幾乎是觀光客必買
的伴手禮之一。

網 http://www.rokkatei.co.jp/facilities/
　　sapporo_honten/
地 札幌市中央區北 4 西 6 丁目 3-3
電 011-261-6666
交 由 JR 札幌車站南口徒步約 3 分鐘
營 【1F 賣店】10:00 ～ 19:00
　　【喫茶室】10:30 ～ 18:00（LO 17:30）

深受觀光客喜愛的1樓賣店

札幌本店 1F 的賣店，除了
六花亭經典商品，還有本店限定
商品，而且可以免稅，如果有需
要的話，建議在這裡選購。本店
的 2 樓為喫茶室，建議大家在 1
樓先買好這裡才吃得到的「マル
セイアイスサンド」（< ma.ru.
se.e a.i.su sa.n.do >；冰淇淋夾心
餅乾），加了葡萄乾的冰淇淋，
味道非常濃郁香甜，只要點杯飲
料，就可在 2 樓享用。除了飲料，
2 樓的喫茶室還提供真材實料的
甜點與輕食，風味絕佳。鬧中取
靜的用餐環境，也很適合用來歇
歇腳喔。

1 外型沒有矯飾，真實濃郁
的滋味
2 在這裡也可以品嚐到純正
的和風甜點

72

ISHIYA CAFE

ISHIYA
CAFE

🌐 http://www.ishiya.co.jp/nishi4/cafe/menu/

📍 札幌市中央區大通西 4-6-1 西 4 大樓 B2

☎ 011-231-1487

🚇 與札幌站前通地下步行空間相連

🕐 8:00 ～ 22:00，元旦休

　「ISHIYA CAFE」是白色戀人巧克力夾心餅乾製造商「石屋製菓」直營的自助式咖啡屋。白色為基調的牆壁、英國的照明、復古的桌椅，洋溢著古典的英式氛圍。自豪的甜點不用說，以三明治為中心的早餐、午餐也深受附近上班族的喜愛。特別推薦給大家的是會讓人發出驚嘆聲的鬆餅。2 片厚約 3.5 公分的鬆餅，不僅分量十足，口感也非常鬆軟細緻綿密，有原味、莓果、巧克力香蕉和期間限定等多種口味。另外，使用白色戀人的白巧克力和北海道生乳製作的白色戀人霜淇淋聖代也值得一試，只有這裡才吃得到喔。

1 3.5公分厚的鬆餅，讓人眼睛一亮

2 與札幌站前通地下步行空間相連，非常好找

觀光客必訪的小樽運河

在靄靄白雪覆蓋的冬季別有一番風情

小樽
OTARU

傳承舊時繁華的復古港町

小樽　新千歲機場

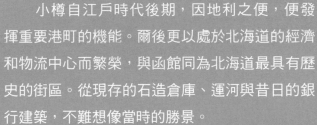

小樽自江戶時代後期，因地利之便，便發揮重要港町的機能。爾後更以處於北海道的經濟和物流中心而繁榮，與函館同為北海道最具有歷史的街區。從現存的石造倉庫、運河與昔日的銀行建築，不難想像當時的勝景。

小樽的另一個魅力，就是坐擁豐富的漁產，因此海鮮料理店或壽司店很多，光是壽司店就有100多家，甚至有街名叫「壽司通」呢。而「堺町通」則是小樽最熱鬧的地區，若要購買玻璃工藝品、甜點或海產加工品等伴手禮的話，櫛比鱗次的商家，會讓人買得不亦樂乎。雖然小樽市區不大，但是值得駐足的地方不少，很適合放慢腳步細細品味。

小樽交通指南

前往小樽的主要方式

❶ 由新千歲機場搭乘 JR 快速機場列車至小樽，約 1 小時 15 分鐘，費用為 1,780 日圓。

❷ 由札幌搭乘 JR 快速機場列車至小樽，約 35 分鐘，費用為 640 日圓。

❸ 由札幌搭乘 JR「区間快速いしかりライナー」（< ku.ka.n.ka.i.so.ku i.shi.ka.ri. ra.i.na.a >；區間快速石狩 LINER），約 40 分鐘，費用為 640 日圓。

❹ 由札幌搭乘 JR 函館本線，約 50 分鐘，費用為 640 日圓。

❺ 由札幌搭乘 JR 北海道巴士或北海道中央巴士的高速巴士，約 65 分鐘，費用為 610 日圓。

TIPS > 小樽フリーきっぷ < o.ta.ru fu.ri.i ki.p.pu >
小樽自由車票

如果在小樽市內有需要搭乘巴士的話，建議購買小樽自由車票。除了札幌與小樽之間的來回電車票，另附小樽市內的1日乘車券。費用為1,940日圓，通常札幌與小樽之間的來回票為1,280日圓，而小樽市內的1日乘車券為750日圓，會比較划算。

小樽市內的交通

從小樽車站到以小樽運河為中心的觀光景點，幾乎都聚在 2 公里的範圍之內，基本上徒步即可。如果不想走路或要延伸腳步到郊區，也可以利用小樽站前巴士總站或小樽運河總站發車的觀光巴士前往。主要有 3 個路線，一個是小樽散策巴士，一個是天狗山纜車線，一個是小樽水族館線，一次乘車 220 日圓，若需要的話，可購買 1 日乘車券，750 日圓（車上有售）。

1 JR小樽車站
2 小樽高速巴士乘車處

小樽巴士路線圖

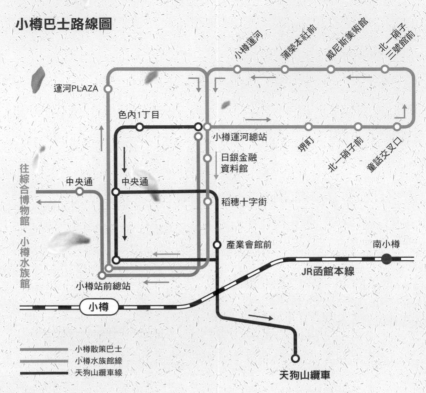

運河PLAZA

色內1丁目

小樽運河

蒲鉾本社前

威尼斯美術館

北一硝子
三號館前

小樽運河總站

往綜合博物館、小樽水族館

中央通

中央通

日銀金融
資料館

稻穗十字街

堺町

北一硝子前

童話交叉口

產業會館前

南小樽

JR函館本線

小樽站前總站

小樽

天狗山纜車

小樽散策巴士
小樽水族館線
天狗山纜車線

也可以利用小樽散策巴士代步

小樽駅
お たるえき

o.ta.ru e.ki

小樽車站

小樽車站

　　小樽車站開業於 1903 年，現在的站房是在 1934 年以上野車站為樣本所建造，是北海道內現存最古老的鋼筋水泥建築，也是國家登錄的有形文化財。值得矚目的是站房出入口上方的窗戶或月台都裝飾有「北一硝子」（小樽最具代表性的玻璃工藝店）的煤油燈，由此可見明治時期開始興盛的玻璃工藝，目前依然為小樽的象徵。車站裡設有特產店、立食壽司、炸雞、咖啡等店鋪，雖然不大，算是齊全。另外，若有長者同行，可前往紀念昭和巨星石原裕次郎、命名為裕次郎月台的 4 號月台，是老一輩們拍照的人氣景點。

1　洋溢懷舊復古氛圍的小樽站房
2　站內到處點綴著象徵小樽的玻璃燈飾
3　紀念石原裕次郎的4號月台

三角市場
さんかくいち ば

sa.n.ka.ku i.chi.ba

三角市場

三角市場

市場緊鄰小樽車站，之所以取名為「三角市場」，是因為土地和屋頂都成三角形之故。原本只有小樽車站前7、8家的露天商店，之後店家越來越多，而逐漸發展成朝市。

市場內銷售的主要是小樽近海捕獲的新鮮海產和海產加工品，以及地方生產的蔬果及生鮮食品。雖然生猛活跳的海鮮買不回去，幸好這裡也有提供海鮮料理的食堂，有些店家還是魚商直營，挑貨的眼光不同一般，所以不論是氣勢豪邁的海鮮蓋飯，還是精緻的生魚片、炙烤等單點料理都能讓遊客獲得滿足，不妨參考看看。

網 http://otaru-sankaku.com/
地 小樽市稻穗3-10-16
電 0134-23-2446
交 JR小樽車站旁
營 【市場】
6:00～17:00（各店有若干不同）
【食堂】
7:00～17:00（各店有若干不同）

1 新鮮活跳的海鮮
2 市場內的食堂很受觀光客的歡迎

小樽出抜小路

おたる で ぬき こう じ

o.ta.ru de.nu.ki ko.o.ji

小樽出拔小路

小樽出拔
小路

　「小樽出拔小路」為重現明治、大正時代小樽街景的屋台村（小吃店聚集的飲食設施），位置就在小樽運河的對面，醒目的復古外觀非常好找。設施內有將近20家的店鋪，含海鮮蓋飯、成吉思汗烤肉、酒吧、拉麵等飲食店及多種提供外帶的店鋪。

　　在這裡特別向大家推薦的是「なるとや」（<na.ru.to.ya>；NARUTOYA）的炸半雞、「運河屋」的蟹肉饅頭與奶油馬鈴薯、「銀為舍」的 BIG 蟹肉天棒，這些都是來到小樽必嚐的小吃。另外，還有一家在中富良野引起話題的「POPURA FARM」，也不

網 https://otaru-denuki.com/

地 小樽市色內1-1

電 0134-24-1483

交 由JR小樽車站徒步約10分鐘

營 11:00～19:00居多，各店鋪不同，詳細請參考如上網頁

重現明治、大正時代小樽街景的出拔小路

宜錯過。該店最受歡迎的甜點，是用半顆哈密瓜放上霜淇淋的「サンタのヒゲ」（＜sa.n.ta no hi.ge＞；聖誕老人的鬍鬚），既吃得到道產甜美的哈密瓜，又可以同時享受用道產牛乳製作的霜淇淋，可說是一舉兩得。出拔小路2樓還有免費展望台，模仿以前火警瞭望台，從這裡可以將小樽運河盡收眼底，還可360度環視小樽的街景，不同的高度，有不同的感受。

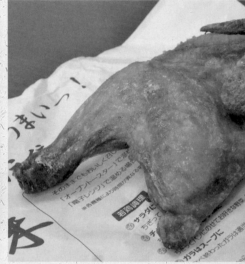

1 2
3 4

1 設施內有將近20家的飲食店
2 在地人情有獨鍾的炸半雞
3 在中富良野蔚為話題的「POPURA FARM」
4 出拔小路的象徵——出世小僧

手宮線跡地
て みやせんあと ち

te.mi.ya.se.n a.to.chi

手宮線跡地

手宮線跡地

在 1880 年開通、聯繫札幌與小樽的舊國鐵手宮線是北海道最早的鐵路，當時主要是為了載運煤炭等物資，無奈因時代變遷，能源由煤炭轉換成石油，以及運輸方式的變化，最後在 1985 年廢線，結束了運輸的任務。廢線之後，經小樽市政府的規劃，將手宮線的遺跡整備為長約 1,600 公尺的散步道，沿著鐵軌，可信步欣賞沿線的風景。靠中央通附近、被復元的色內車站裡設有休息處，周邊的景緻相當宜人，值得駐足停留。若是鐵道迷的話，還可前往小樽市綜合博物館，內有展示當時行駛於手宮線的蒸汽火車。

地　小樽市色內

交　由JR小樽車站徒步約7分鐘

跡地仍保留有部分的鐵軌

TIPS 小樽市綜合博物館

網 https://www.city.otaru.lg.jp/simin/sisetu/museum/

地 小樽市手宮1-3-6

電 0134-33-2523

交 JR小樽車站搭乘往高島三丁目方向的北海道中央巴士，在「綜合博物館」站下，
步行3分鐘即抵

營 9:30～17:00

費 入館費400日圓

　　博物館內展示有北海道鐵路相關的豐富資料與多輛火車，另有天象儀和科學展示
室可供參觀學習。夏季屋外也有蒸汽火車上場，很適合鐵道迷一訪。

1 復元後的色內車站周邊景色宜人
2 沿著鐵軌細細品味沿路的風景

北のウォール街
きた　がい

ki.ta no wo.o.ru.ga.i

北方的華爾街

北方的
華爾街

在明治、大正時代，小樽就以國際貿易港而繁榮，自大正至昭和初期便有很多日本銀行的北海道分行建設於此，其中尤以「色內通」一帶最具代表性，因此有「北方的華爾街」之稱。當時建造的銀行如日本銀行、三井銀行、安田銀行、第一銀行、北海道拓殖銀行等建築物現在依然存在，雖然功能已經不同，有的變成金融資料館，有的變成商店或餐廳，但厚實穩重的外觀卻無變化，依舊能從中想像昔日繁華的勝景。這些銀行建築，也都被國家指定為歷史的建造物，其中有部分還獲得都市景觀賞獎勵。

除了色內通一帶，堺町通也有不少前身是銀行、舊株式會社、商行的歷史建造物，像是小樽浪漫館、小樽音樂盒堂等，只要是歷史建造物，牆上都會有標示與介紹，經過的話，不妨停下腳步，看看建築物過去的歷史，拍照留下紀念，也是造訪小樽的樂趣之一。

1 舊日本銀行小樽分行，現為金融資料館
2 舊北海道銀行本店，現為酒吧咖啡屋
3 歷史建造物的牆上都會掛有標示和介紹

1 舊三菱銀行小樽分行，現為小樽運河巴士總站
2 舊木村倉庫，現為北一硝子三號館

小樽運河

おたるうんが

o.ta.ru u.n.ga

小樽運河

　　最具小樽代表性的小樽運河完成於 1923 年，全長 1,140 公尺。舊時運河沿岸有很多倉庫，運河內運貨的船隻往來頻繁，對當時的商業具有極大的貢獻，直到戰後才因小樽港的整備而結束使命。目前則變成吸引遊客的觀光名所，觀光客可搭乘遊船欣賞運河周邊的風景。至於沿岸並排的倉庫，部分變成啤酒屋、餐廳或咖啡屋。

　　欣賞小樽運河最熱門的地點是在觀光案內所前的淺草橋上，放眼望去可將運河與運河旁的倉庫盡收眼底，

地　小樽市港町

電　0134-32-1111（小樽市觀光振興室）

交　由JR小樽車站徒步約10分鐘

小樽運河

小樽運河周遊船航線圖

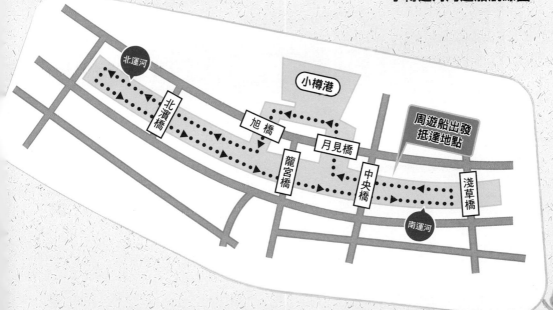

北運河

小樽港

周遊船出發抵達地點

北濱橋

旭橋

月見橋

龍宮橋

中央橋

淺草橋

南運河

很多遊客都會在這裡拍照留念。運河旁還鋪設了舒適的步道，每到入暮時分，步道上的 63 座瓦斯燈會一起點亮，加上打在倉庫群的燈光，展現與白天迥異的風情。另外，小樽運河也是每年在冬季 2 月上旬至中旬舉辦的「小樽雪燈之路」的活動會場之一，沿路難以數計冰雕燭台的燭光閃爍，儼如置身童話世界一般，非常引人幻想。

TIPS　小樽運河周遊船

乘船處：小樽市港町5-4（中央橋附近）

　行駛於淺草橋至北運河區間，途中遊船會穿越數個橋，並繞行運河一圈，沿路導遊還會一邊解說運河的歷史。每天16～23班航次（每隔30分鐘一班，但運航時間或班次會因季節有所變動）。費用白天1,500日圓，晚上1,800日圓。

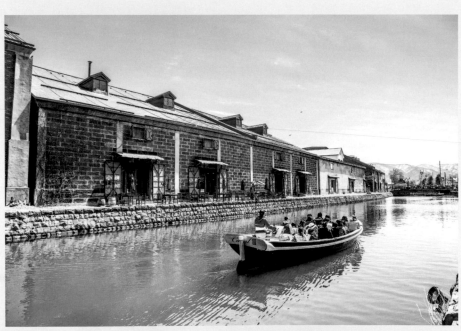

搭乘周遊船遊運河別具一番情趣

入暮時分步道的瓦斯燈一一點亮，展現和白天不同的景緻

位於淺草橋附近的觀光案內所

堺町通り
さかいまちどお

sa.ka.i.ma.chi.do.o.ri

堺町通

堺町通

　　堺町通是小樽最熱鬧的繁華街，從於古發川的「堺橋」開始至「メルヘン交差点」（＜ me.ru.he.n ko.o.sa.te.n ＞；童話交叉口）約 800 公尺。沿路利用石造倉庫或古老民家改裝的店鋪櫛比鱗次，整個街區洋溢著濃厚的復古氛圍，逛起來非常有意思。從小樽運河方向走來，可依序看到大正硝子、小樽蠟燭工房、小樽浪漫館、北一硝子、小樽音樂盒堂本館等小樽工藝品的名店，另外像是北菓樓、六花亭、LeTAO 等享有超高人氣的甜點店也齊聚於此。除了購物，這裡也有多

家著名的壽司店、海產店、復古咖啡屋座落其間，不論是隨興晃晃觀看古屋風情，還是購物血拼、大飽口福，相信都能獲得滿足。

網 http://otaru-sakaimachi.com/

地 小樽市堺町通

交 由JR小樽車站徒步約13分鐘
由JR南小樽車站徒步約7分鐘
搭乘小樽散策巴士在「北一硝子」
站下即抵

堺町通地圖

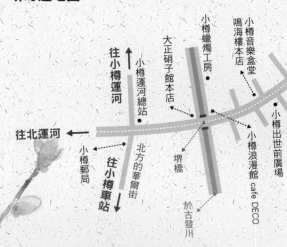

許多店鋪都是利用石造倉庫或古老民家改裝而成,非常具有古意

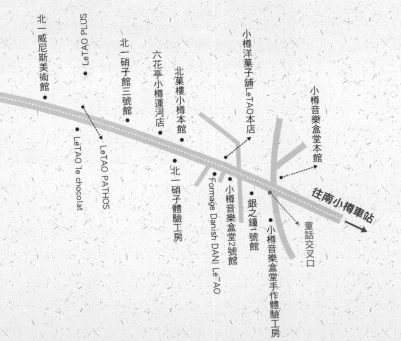

北一威尼斯美術館

LeTAO PLUS

北一硝子館三號館

六花亭小樽運河店

北菓樓小樽本館

小樽洋菓子舖LeTAO本店

小樽音樂盒堂本館

LeTAO Te chocolat

LeTAO PATHOS

北一硝子體驗工房

Formage Danish DANI Le¯AO

小樽音樂盒堂2號館

銀之鐘1號館

小樽音樂盒堂手作體驗工房

童話交叉口

往南小樽車站 →

1 童話交叉口
2 舉目可見道內人氣的甜點店

TIPS 小樽玻璃工藝的源起

小樽玻璃工藝之所以興盛，據說要回溯到1901年創業的「淺原硝子」所製造的煤油燈和捕獲鯡魚用的玻璃浮球。隨著時代的變遷，發展成現在的裝飾品及生活實用的玻璃器皿，有時間的話，還可以在工房體驗製作玻璃喔。

北一硝子三号館
きたいち がらす さんごうかん
ki.ta.i.chi.ga.ra.su sa.n.go.o.ka.n

北一硝子三號館

北一硝子
三號館

　　創業於1901年的北一硝子，原以製造煤油燈起家，現在是小樽最具有代表性的玻璃工藝店。被國家登錄為歷史建造物的三號館，原為明治時代的倉庫，經過改裝成為藝廊，內部仍保留有運送鯡魚的軌道。高達數萬品項的玻璃工藝品，分為和、洋、Country 3區展示販售。不論是實用的生活用品還是裝飾品，應有盡有，而且非常精美。另外，還要推薦大家的就是裝飾有百盞煤油燈的北一廳，

🌐 http://www.kitaichiglass.co.jp/
🏠 小樽市堺町7-26
☎ 0134 33-1993
🚃 由JR南小樽車站徒步約7分鐘
　 由JR小樽車站徒步約20分鐘
🕐 8:45〜18:00

遊客可以在這裡喝咖啡、用餐或是聆聽音樂演奏，氣氛絕佳。鄰近還有北一威尼斯美術館和體驗工房可以參觀與體驗玻璃製作，亦值得一訪。

利用舊時倉庫改裝而成的三號館

1 在裝飾有百盞煤油燈的北一廳用餐喝咖啡別具風味
2 內部仍保留有昔日運送鯡魚的軌道

沉穩厚實的磚造外貌，在堺町通相當醒目

小樽オルゴール堂本館
お たる　　　　　　　どうほんかん
o.ta.ru o.ru.go.o.ru do.o ho.n.ka.n

小樽音樂盒堂本館

小樽音樂盒
堂本館

　　小樽音樂盒堂在堺町通有很多家店鋪，不過利用 1912 年建造的歷史建造物所改裝的本館最引人矚目。沉穩厚實的磚造外觀在堺町通算是相當稀罕，而門口裝置的古董型蒸汽音樂鐘每 15 分鐘就會發出聲響並噴出蒸氣白煙，有很多觀光客會在這裡拍照留念，可說是堺町通的人氣據點。

- 網　http://www.otaru-orgel.co.jp/
- 地　小樽市住吉町4-1
- 電　0134-22-1108
- 交　由JR南小樽車站徒步約7分鐘
- 營　9:00～18:00
　　　假日前一天、星期五、星期六
　　　9:00～19:00（7～9月）

內部高達 9 公尺挑高的大廳內展示有 25,000 個音樂盒，設計精美多樣，價格從 1,000 日圓起，有多種選擇，2 樓還有展示區可以了解音樂盒的歷史。另外，在手作體驗遊工房有提供教學製作，可挑選自己喜歡的曲子和配件，親手製作自己專屬的音樂盒，費用 2,500 日圓起。堺町通還有 2 號館、古董博物館、卡通人物夢之音、小樽活動木偶動物園等其他分店，有興趣的話可前往參觀。

1 蒸氣音樂鐘是堺町通的名物之一
2 玲瑯滿目的音樂盒讓人目不暇給

小樽キャンドル工房
o.ta.ru kya.n.do.ru ko.o.bo.o
小樽蠟燭工房

小樽
蠟燭工房

小樽蠟燭工房是由 1911 年建造的倉庫改裝而成，店內銷售有 1,000 多種來自海內外的蠟燭相關商品。銷售的蠟燭除了多樣的設計，還有多種的香味可供選擇，點起來不僅賞心悅目也非常療癒。2 樓設有咖啡屋，在燭光環繞之下，享用店家精心製作的咖啡、花草茶或使用北海道產食材製作的蛋糕，也是難得的體驗。

網 http://otarucandle.com/
地 小樽市堺町1-27
電 0134-24-5880
交 由JR小樽車站徒步約15分鐘
營 10:00～18:30

若想製作自己獨一無二的蠟燭，還可以參加手作工房體驗，報名時間為 10:00 ～ 17:00，只要有空位，就可以馬上參加，製作時間約 30 分鐘。

1 2
1 2樓也有提供精心製作的蛋糕與咖啡
2 店內銷售的蠟燭相關商品高達1,000多種

小樽浪漫館
おたるろうまんかん
o.ta.ru ro.o.ma.n.ka.n

小樽浪漫館

小樽浪漫館

網 http://www.tanzawa-net.co.jp/
地 小樽市堺町1-25
電 0134-31-6566
交 由JR小樽車站徒步約15分鐘
營 9:30～18:00

　　小樽浪漫館是利用舊百十三銀行小樽分店改裝而成。在浪漫和懷舊的空間當中，銷售有多樣精緻的玻璃工藝品與飾品。另外，在這裡一整年都有陳售聖誕節的相關雜貨，添加了店內許多節慶繽紛的色彩。內部併設的「cafe DECO」，使用的古董桌椅和照明，醞釀出古典優雅的氣息，很建議在這裡點杯人氣的小樽特調咖啡，靜靜享受小樽浪漫館獨特的浪漫氛圍。

1 舊百十三銀行小樽分店改裝而成的小樽浪漫館
2 沉浸在古典氛圍中，啜飲小樽特調咖啡，更具風味

小樽洋菓子舖ルタオ本店

お たる よう が し ほ 　　 ほんてん

o.ta.ru yo.o.ga.shi.ho ru.ta.o ho.n.te.n

小樽洋菓子舖 LeTAO 本店

小樽洋菓子舖
LeTAO 本店

　　小樽甜點品牌的代表「LeTAO」，除了北海道，人氣還擴展到日本全國。位於小樽觀光勝地童話交叉口旁的 LeTAO 本店，總是門庭若市，吸引著無數遠道而來朝聖的觀光客。除了該店招牌的雙層起士蛋糕，還有多種光看就讓人垂涎不已的美味甜點。雖然有些新鮮現做的糕點帶不回去，但 2 樓的咖啡館能享受到現場製作的

各式美味糕點，可不留遺憾，而期間限定的糕點，美味不在話下，就等待大家親自去品嚐囉。

網 https://www.letao.jp/
地 小樽市堺町7-16
電 0134-40-5480
交 由JR南小樽車站徒步約7分鐘
營 9:00～18:00（咖啡屋LO 17:30）

本店頂樓有提供免費參觀的展望台

1
2 3

1 櫃內的商品光看就讓人垂涎不已
2 2樓咖啡館期間限定的甜點絕不宜錯過
3 甜點種類繁多，讓人難以抉擇

在購買伴手禮和享受甜點之餘，別忘了到 3 樓免費的展望台欣賞海港小樽美麗的街景，入暮之後的夜景分外迷人。

除了本店，堺町通還有銷售不同產品的「le chocolat」（主要銷售巧克力產品）、「PATHOS」（LeTAO 最大的店鋪）、「PLUS」（冰淇淋、霜淇淋等外帶專門店）、「Formage Danish DANI LeTAO」（起士丹麥麵包、咖啡等）多家分店，距離都不遠，建議先繞一圈再決定要從哪裡下手吧。

主要銷售巧克力相關產品的「le chocolat」

北菓楼小樽本館
きた か ろう お たるほんかん

ki.ta.ka.ro.o o.ta.ru ho.n.ka.n

北菓樓小樽本館

北菓樓

　　由石造倉庫改裝而成的北菓樓小樽本館，同是港町小樽銷售甜點的名所，經過歲月淘洗，洋溢古味的建築外貌，曾在 2003 年獲得都市景觀賞。北菓樓銷售的甜點使用的都是北海道特產的材料，讓人津津樂道的招牌甜點「夢不思議大泡芙」，酥脆的外皮和甜而不膩的卡士達醬內餡，擄獲了不少饕客的芳心。另外，被命名為「妖精森林」的年輪蛋糕，為小樽本館開店的紀念商品，也享有絕大的人氣。在 5 月～ 10 月末期間提供的年輪蛋糕套餐，附飲料和霜淇淋 515 日圓，

網 http://www.kitakaro.com/ext/tenpo/otaru.html

地 小樽市堺町7-22

電 0134-31-3464

交 JR南小樽車站下，徒步約10分鐘
　 JR小樽車站下，徒步約15分鐘

營 9:00～18:30（冬季～18:00），元旦休
　 霜淇淋LO 18:00（冬季～17:30）
　 飲料LO 16:30

非常划算，值得一嚐為快。夏季期間，館外還有設置露天咖啡座，坐在這裡一邊享受小樽名店的甜點，一邊靜觀堺町通的人來人往，也是悠閒。

1 **2**

1 由石造倉庫改造而成，和同是名店的「六花亭」比鄰而居

2 外皮酥脆、內餡入口即化的「夢不思議大泡芙」

かま栄 工場直売店
ka.ma.e.e ko.o.jo.o cho.ku.ba.i te.n
蒲榮 工廠直銷店

蒲榮

　　創業於1905年的「蒲榮」，是生產魚板等魚漿製品的老字號，在北海道各大百貨公司的美食街和新千歲機場都有蒲榮的攤位。在堺町通的工廠直銷店，既可享受現做最新鮮的魚漿製品，還能參觀產品的製作過程，大飽口福之餘，還能大開眼界，一舉兩得。

　　用麵包包住魚漿、絞肉、洋蔥炸成的「パンロール」（＜pa.n.ro.o.ru＞；麵包捲）是該店的人氣商品，售價

網　http://www.kamaei.co.jp/
地　小樽市堺町3-7
電　0134-25-5802
交　由JR小樽車站徒步約15分鐘
營　9:00～19:00

216日圓，風味獨特，口感絕佳，一定要買來嚐嚐看。除了銷售現炸製品，並有方便帶回家的真空包裝產品，店內銷售的地產酒類甜點禮盒也值得順便參考看看。

工廠直營的直銷店

1 可免費參觀魚漿產品製作的過程
2 現做的魚漿製品既新鮮又美味

小樽美味必體驗

沒吃到這些就不能說來過小樽！！

すし・<ruby>海鮮料理<rt>かいせんりょうり</rt></ruby>

su.shi ka.i.se.n ryo.o.ri

壽司・海鮮料理

　　小樽市坐擁「祝津」、「鹽谷」、「忍路」3個漁港，加上鄰近如積丹半島的海鮮，有豐富的漁貨可提供壽司使用。小樽市內的壽司店多達100多家，甚至有一條路還命名為「壽司通」，可見壽司在小樽市的地位。再加上小樽市民對鮮魚的要求很高，師傅們製作壽司的技術不同凡響。不論是價格親民的迴轉壽司，還是格調較高的傳統壽司店，都可享受到產地直送的新鮮海味。在壽司通、堺町

壽司的配料新鮮又豐富

105

通、小樽運河周邊，以及三角市場，都有不少享有盛名的壽司店可供選擇，不妨多比較幾家，再下抉擇。

除了壽司，大部分的壽司店，也都有提供各式各樣的海鮮蓋飯、生魚片、炙烤等海鮮料理，相信一定能夠滿足大家挑剔的味蕾。

北海道特產的八角生魚片

氣勢豪邁的海膽鮪魚腹肉蓋飯

新鮮貝類的炙烤料理也不能錯過

若鶏の半身揚げ
（わかどり　はんみあ）
wa.ka.do.ri no ha.n.mi.a.ge
嫩炸半雞

炸半雞是「若雞時代NARUTO」的招牌料理，自1965年開店以來，便漸漸深入當地市民的生活。據說每到聖誕節或家裡

NARUTO屋——小樽車站店

有人生日時，很多家庭都會購買炸半雞
而不是肯德基來慶祝。日本其他縣市的
百貨公司若有舉辦北海道物產展的話，
小樽的代表一定是炸半雞，可見炸半雞
的知名度。炸半雞使用的雞肉全是日本
國產，加上祖傳的祕方，以及高溫的炸
法，外皮香脆，雞肉柔軟多汁。
除了若雞時代 NARUTO 本店
可以馬上當場享受之外，小
樽車站和出拔小路的 NARUTO
屋也有外帶的店面，買回飯店搭
配小樽地產啤酒再合適也不過了。

外皮香脆、肉又多汁的炸半雞

NARUTO屋——出拔小路店

レトロカフェ

re.to.ro.ka.fe

復古咖啡

　　小樽有很多利用過去洋館或是石造倉庫改裝而成的咖啡館，這些復古懷舊的咖啡館也是小樽吸引遊客的魅力之一。像是北一硝子三號館的「北一廳」、小樽浪漫館的「cafe DECO」、北運河沿岸的「PRESSCAFE」、小樽蠟燭工房的咖啡屋、北菓樓等等，在經過歲月加持，展現昔日風貌的獨特空間，喝杯咖啡，享受片刻的寧靜，絕對是旅行的必體驗。

在展現昔日風貌的獨特空間，喝杯咖啡，奢侈享受放空的片刻，也是旅行的一大樂趣

位於北運河沿岸的「PRESSCAFE」

若鶏時代なると
わかどり じ だい

wa.ka.do.ri.ji.da.i na.ru.to

若雞時代 NARUTO

若雞時代
NARUTO

在小樽要是提到炸雞，當地人一定會想到「NARUTO」，來到小樽不嚐嚐看這個在地美食，可會留下入寶山空手而回的遺憾。自1965年開店以來，炸半雞就是招牌料理，剛開始時，半隻雞的型態算是相當罕見，普及之後，現在只要是到了聖誕節等節慶，準備買炸雞慶祝的家庭，幾乎都會指定這一家。

招牌炸半雞的製作方式是以鹽與胡椒簡單調味之後，放一晚使其入味，最後再以高溫油炸，外皮非常酥脆，雞肉柔軟多汁，還可選用搭配壽司、茶碗蒸的定食，分量充足。除了炸雞之外，店家也提供豐富的海鮮料理，可以斟酌自己的肚量和錢包，做合適的選擇。

網 http://otaru-naruto.jp/

地 小樽市稻穗3-16-13

電 0134-32-3280

交 由JR小樽車站徒步約5分鐘

營 11:00～20:30（LO）

1 離小樽車站徒步約5分鐘
2 中午的若雞定食只要1,200日圓，非常划算

小樽倉庫 NO 1

おたるそうこ なんばー わん

o.ta.ru so.o.ko na.n.ba.a.wa.n

小樽倉庫 NO 1

小樽倉庫
NO 1

位於小樽運河沿岸，利用石造倉庫改裝而成的「小樽倉庫 NO 1」，是小樽啤酒釀造所併設的啤酒屋。提供的啤酒為根據發源地德國的傳統製法製造而成，除了麥芽、啤酒花、酵母、水，不添加任何防腐劑與著色料，非常天然。商品種類主要有「ピルスナー」（< pi.ru.su.na.a >；pilsener）、「ドンケル」（< do.n.ke.ru >；donkel）、「ヴァイス」（< va.i.su >；vice）3 種，視原料的配合，各有不同的風味。除了這 3 種基本口味的啤酒，另外還有季節性的啤酒和無酒精啤酒，不妨比較看看。

光喝啤酒不過癮，一定要有下酒

網 https://otarubeer.com/jp/
地 小樽市港町5-4
電 0134-21-2323
交 由JR小樽車站徒步約12分鐘
營 11:00～23:00

位於小樽運河旁、由石造倉庫改裝而成的釀造所兼啤酒屋

菜來加持才行，這裡提供有豐富的下酒菜與輕食，像是德國香腸、西班牙燉飯、披薩、各式沙拉等道地的歐風料理或是和洋折衷的洋食，都是啤酒最佳的良伴。

位於啤酒屋中央釀造啤酒的巨大鍋爐，目前仍服役中，另外對啤酒的釀造過程有興趣的話，還可以參加免費的導覽，約 20 分鐘。

＊日本規定必須年滿 20 歲才可以飲酒

1	
2	3

1 中央巨大的釀啤酒鍋爐目前仍服役中
2 味道很道地的西班牙燉飯
3 無酒精啤酒雖然不含酒精，但香醇的滋味一點也不遜色

魚真
うおまさ

u.o.ma.sa

魚真

魚真

「魚真」是小樽在地人喜歡光顧的壽司店，因為是由魚販直營，材料非常新鮮，價格也相當便宜，CP值極高。不論是壽司、海膽蓋飯、散壽司或是各種魚貝類的生魚片等單點料理，都很齊全。該店最人氣的「魚真にぎり」（< u.o.ma.sa ni.gi.ri >；魚真壽司）有15貫壽司，含鮑魚、海膽、松葉蟹、蝦蛄等高級配料，而且配料都很大塊，另附湯頭鮮美的土瓶蒸才2,700日圓，這樣的內容、這樣的價格在其他壽司店難得一見。另外以馬鈴薯、起士、海膽

和鹹牛肉製作的魚真燒也是該店的人氣料理，味道和口感非常特別，值得一試。

網 https://itp.ne.jp/info/
018407011000000899/

地 小樽市稻穗2-5-11

電 0134-22-0456

交 由JR小樽車站徒步約5分鐘

營 【午餐】12:00～14:00
【晚餐】16:00～21:30
星期日休

在地人也喜歡光顧的魚真

含高級配料的魚真壽司套餐，只要2,700日圓

ヤン衆北の漁場 小樽運河店

ya.n.shu.u ki.ta no ryo.o.ba o.ta.ru u.n.ga.te.n

YAN 眾北之漁場 小樽運河店

YAN
眾北之漁場

　　「YAN 眾北之漁場」是由創業 40 年以上的魚商所經營的壽司屋，該店銷售有北海道應時的海產、農產品、乳製品與當地製造的酒類。店內擁有 360 席座位的飲食區，還提供壽司、海鮮蓋飯以及各種現烤的海產與農產品。

　　以海鮮蓋飯來說，不論是讓人驚嘆的海膽蓋飯、氣派的特級海鮮蓋飯、豪邁的大漁蓋飯，都讓人驚艷。另外，像烤石狗公、烤魠魚、烤蟹腳、烤海膽、烤扇貝、烤鮑魚等炙烤類，各種鮮魚貝類的生魚片，或是整隻螃蟹，都可以在這裡大快朵頤，料多澎湃的海鮮拉麵也值得一試喔。

網 https://r.gnavi.co.jp/h092600
地 小樽市堺町53-1
電 0134-31-3041
交 由JR南小樽車站徒步約12分鐘
　 由JR小樽車站徒步約18分鐘
營 【夏季】9:00～18:00
　 【冬季】9:00～17:00

1 除了提供餐飲服務，也是購買伴手禮的好去處
2 現烤魠魚，香味撲鼻，滋味鮮美

小樽運河食堂
お たるうん が しょくどう
o.ta.ru u.n.ga.sho.ku.do.o

小樽運河食堂

小樽
運河食堂

利用石造倉庫改裝而成的小樽運河食堂，是鄰近小樽運河的代表飲食設施，內部的裝潢擺飾洋溢著懷舊復古的昭和氛圍，逛起來非常有趣。中央的廣場有銷售伴手禮與紀念品，廣場周邊則有 7 家綜合北海道各種美食的飲食店。小樽周邊捕獲的新鮮海味和北海道大地孕育出來的農產都可以在這裡一網打盡。像是「淺草橋 BEER HALL」，主打北海道美食吃到飽，而吃到飽的方式也非常有彈

網 http://www.comsen.jp/otaru/

地 小樽市港町6-5

電 0134-24-8000

交 由JR小樽車站徒步約10分鐘

營 【淺草橋BEER HALL】
11:00～15:00／17:00～21:30
【運河拉麵灯】【海鮮問屋】
11:00～20:00
【海老拉麵小樽海藏】
【炙烤海鮮北海丸】
【SOUP CHICKEN札幌】
【壽司處MINORI庵】
11:00～15:30

緊鄰小樽運河、由石造倉庫改裝而成的小樽運河食堂

性，最基本的「北海道吃到飽」，可品嚐使用北海道特產食材製作的名物料理。若想吃肉的話，還可以加上「燒肉吃到飽」。來到北海道，若沒吃螃蟹會覺得美中不足的話，可加點「螃蟹吃到飽」，斟酌自己的肚量和預算做決定即可。

當然，不想一次就吃到飽的話，也可以逐一攻破。像是「海鮮問屋」的海鮮蓋飯、「北海丸」的炙烤海鮮、「小樽海藏」以甜蝦為湯底的海老拉麵，都是讓人留下深刻記憶的好味道。詳細菜單可參考官網，有相片說明。

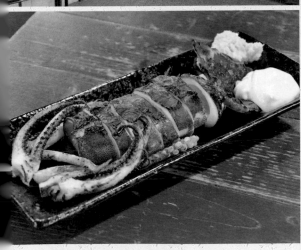

1	2
3	4

1 可在入口處先參考說明，再決定吃哪家
3 現烤海鮮也不能錯過
2 可將北海道美食一網打盡的「淺草橋BEER HALL」
4 也有分量剛好的海鮮蓋飯

位於壽司通的
小樽旭壽司

おたる旭寿司
<ruby>旭<rt>あさひ</rt></ruby><ruby>寿<rt>ず</rt></ruby><ruby>司<rt>し</rt></ruby>

o.ta.ru a.sa.hi.zu.shi

小樽旭壽司

小樽旭壽司

　　小樽旭壽司是在小樽市眾多壽司店當中，唯一擁有市場仲買權（向批發市場或漁港直接購買的權利）的店家，累積 3 代批發的經驗，對挑選魚貨的眼光擁有絕對的自信。直到現在，店主依然是每天到小樽或札幌的批發市場，親自批發當天捕獲的北海道漁產，因此使用的食材鮮度極佳。

　　該店使用的魚貨主要是以小樽近海產為主，一年四季有多種不同的魚

貝類提供給顧客。像5～8月之間限定的馬糞海膽、蝦夷鮑魚，或是牡丹蝦，都是來到小樽不能錯過的絕品。

　　旭壽司最受顧客喜愛的是含天然比目魚、蝦蛄、海膽、鮭魚卵等高級配料的「旭にぎり」（＜a.sa.hi ni.gi.ri＞；旭壽司）和兩層的「特選ちらし」（＜to.ku.se.n chi.ra.shi＞；特選散壽司），上層是生魚片，下層是三色蓋飯，可一次享受到豐富的魚貝類。

　　另外，放上大量小樽當季海鮮的豪邁蓋飯，也值得參考，像是兩隻伸出碗外的牡丹蝦蓋飯，可是難得一見。雖然價格不算低廉，但物超所值，豁出去品嚐看看頂級的海鮮，絕對會讓您留下難忘的回憶。

🌐 http://www.asahizushi.co.jp/
📍 小樽市色內1-12-5（小樽壽司通）
☎ 0134-29-0625
🚊 由JR小樽車站徒步約8分鐘
🕑 10:30～21:00，國定假日休

1 豪華的牡丹蝦蓋飯，吃了絕對讓人難忘
2 各式豪邁的海鮮蓋飯讓人難以抉擇
3 壽司選用的配料都是當季的新鮮魚貨

從「八幡坂」上可將函館港盡收眼底，是函館最熱門的攝影地點之一。

函館
HAKODATE

洋溢異國風情的浪漫港町

函館機場

函館

函館舊稱「箱館」，是日本最早的國際貿易港，也是北海道最早輸入西洋文化的城市。除了擁有龐大的倉庫群，還保留諸多象徵異國文化的洋樓與教堂，加上多條俯瞰大海的石坂道，以及古老民家改裝的咖啡廳、雜貨店，交織出和洋相融、有著獨特氛圍的美麗街區。

函館三面環海，坐擁豐富的漁場，不論是朝氣蓬勃的朝市，還是各處的美食餐廳，都能品嚐豐富的新鮮海味。華燈初上入暮時分，前往函館山，一睹如珠寶般閃耀的百萬夜景，更是讓人沉醉。那麼就讓我們趕快出發吧。

前往函館主要的方式

❶ 搭乘日本國內線或台灣直飛班機至函館機場，再搭乘便捷的「空港シャトル
バス」（＜ku.u.ko.o sha.to.ru.ba.su＞；機場穿梭巴士）或一般巴士至函館市區，
一般巴士費用較便宜。此外，可以在機場服務台購買巴士市電 1 日乘車券、
2 日乘車券，或巴士專用的 1 日乘車券，可立刻使用。機場穿梭巴士費用為
450 日圓，需車上付現，不能使用 1 日或 2 日乘車券。詳細請參考如下網頁。
http://www.hakotaxi.co.jp/shuttlebus/

❷ 由東京車站搭乘新幹線至新函館北斗車站，約 4 小時 30 分鐘，22,690 日圓，
再搭乘「函館ライナー」（＜ha.ko.da.te ra.i.na.a＞；函館 Liner）快速列車至函
館車站，約 15 分鐘，360 日圓。詳細請參考如下網頁 http://ekikara.jp/newdata/
line/1301011.htm

❸ 由札幌車站搭乘「ＪＲ 特急スーパー北斗」（＜je.a.ru to.k.kyu.u su.u.pa.a
ho.ku.to＞；JR 特急超級北斗）列車前往函館車站，約 3 小時 40 分鐘，8,310
日圓。詳細請參照如下網頁。https://www.jrhokkaido.co.jp/train/tr003_01.html

函館車站

搭乘新幹線或特急列車得同時購買乘車券與特急券

搭乘機場穿梭巴士是前往市區最便捷的方式

JR特急超級北斗列車

函館市區內的主要交通方式

◎函館市電

　　「市電」（＜shi.de.n＞；路面電車）從明治時代就是函館市民代步的工具，有紅色2號線和藍色5號線2條路線，班次相當密集，平均6〜10分鐘就有一班。既方便又有趣，是觀光客深度暢遊函館的最佳手段。

市電路線圖

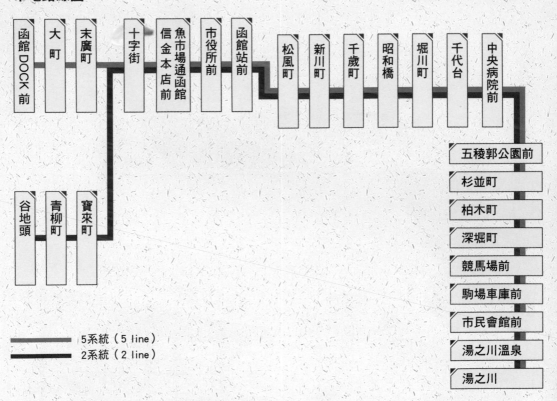

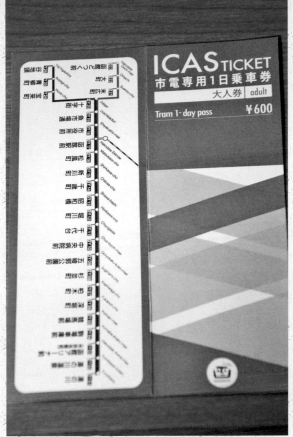

費用視距離從 210 日圓至 250 日圓不等，若一天使用 3 次以上的話，建議購買「市電專用一日乘車券」（< shi.de.n se.n.yo.o i.chi.ni.chi jo.o.sha.ke.n >；市電專用 1 日乘車券），售價僅 600 日圓，非常划算。而且，上車不需一一抽取乘車券，也不必掏錢，只要下車時給司機看就好，非常便捷。函館車站的觀光案內所（旅客服務中心）、各大飯店、市電車內均有銷售。

1 市電專用1日乘車券
2 色彩繽紛的路面電車

◎巴士

　　函館車站前的巴士總站，有前往函館山空中纜車站、五稜郭塔、機場、新函館北斗車站等地的路線巴士，還有直接前往函館山，以及巡迴元町與灣區的「元町・灣區周遊號」的觀光巴士，特別是後者，幾乎網羅函館人氣的觀光景點，20分鐘一班，非常適合觀光客使用。建議購買方便的巴士專用1日乘車券，售價為800日圓，相當划算（機場服務台、巴士內、巴士總站旁的案內所均有售）。

　　若要搭配市電的話，還有「バス・市電一日券」（＜ ba.su shi.de.n i.chi.ni.chi.ke.n ＞；巴士・市電1日券）與「二日券」（＜ fu.tsu.ka.ke.n ＞；2日券），售價分別是1,000日圓和1,700日圓（兒童半價）。

1 函館車站前的巴士服務處
2 巴士・市電1日乘車券

1 函館巴士總站
2 有前往各處觀光景點的巴士

函館車站與周邊

函館車站

　　函館車站為函館的門戶，周邊是市電、路線巴士、函館機場穿梭巴士等市內交通的起點。隨著北海道新幹線的開業，函館車站周邊也更加活絡，而車站的翻新也讓乘客們使用起來更方便、更舒適。車站1樓有銷售函館的甜點、特產等專門店，同時也可以在這裡買到美味的火車便當。車站的2樓為飲食區，有當地著

函館車站與周邊地圖

函館車站周邊地圖

函館朝市

往摩周丸

函館車站

計程車乘車處

巴士總站

←---- 紅磚倉庫（徒步約10分鐘）

函館站前郵局　北洋銀行

國道5號

函館站前

烏賊清大門店

幸運小丑漢堡

函館麵屋尤敏　高砂通

大門橫丁

函館市役所　日本銀行

中央郵局

自由市場

松風町　函館市電

名的拉麵連鎖店「函館麵廚房味彩」和「食之寶庫北海道」提供北海道食材製作而成的海鮮料理。在等待電車之前，不妨來此一飽口福或消磨時間。

　　函館車站的周邊，最不能錯過的就是一大早就熱鬧滾滾的「函館朝市」，還有越夜越 High 的「大門橫丁」，而停泊在鄰近朝市港口的「青函連絡船紀念館摩周丸」也值得一訪，可一窺昔日聯絡青森車站與函館的摩周丸其歷史與構造。

1 函館車站周邊
2 昔日肩負聯絡青森與函館大任的摩周丸

127

はこだてあさいち
函館朝市
ha.ko.da.te a.sa.i.chi

函館朝市

函館朝市

函館朝市緊臨函館車站，立地極佳，占地約 1 萬坪，4 個大型室內市場再加上獨立的店家，約有 300 家店鋪集聚於此。銷售的商品以生鮮的魚貝類和海產加工品為主，也有很多食堂和銷售蔬果的店鋪。

- 網 http://www.hakodate-asaichi.com/
- 地 函館市若松町9-19
- 電 0138-22-7981
- 交 由JR函館車站徒步約1分鐘
- 營 1～4月6:00～14:00
  5～12月5:00～14:00
  （各店鋪有若干不同）

朝市設施圖

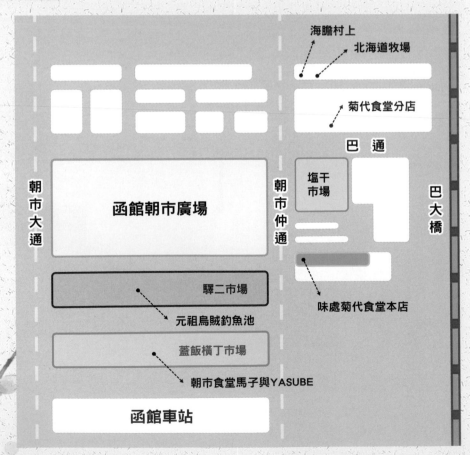

海膽村上
北海道牧場
菊代食堂分店
巴　通
塩干市場
朝市大通
朝市仲通
巴大橋
函館朝市廣場
味處菊代食堂本店
驛二市場
元祖烏賊釣魚池
蓋飯橫丁市場
朝市食堂馬子與YASUBE
函館車站

驛二市場

函館朝市主要的4個室內市場，分別是「どんぶり横丁市場」（< do.n.bu.ri yo.ko.cho.o i.chi.ba >；蓋飯橫丁市場）、「駅二市場」、（< e.ki.ni i.chi.ba >；驛二市場）、「函館朝市ひろば」（< ha.ko.da.te a.sa.i.chi hi.ro.ba >；函館朝市廣場）、「塩干市場」（< e.n.ka.n i.chi.ba >；鹽干市場），各有特色。

其中最推薦大家的是可以大啖當地盛產新鮮海味的「蓋飯橫丁市場」與「驛二市場」。蓋飯橫丁市場目前約有20家提供新鮮海鮮蓋飯與壽司的店鋪，光看店前琳瑯滿目、生動逼真的食物樣品，實在很難讓人下決定要選哪家，這時候不妨以排隊的人潮或店內客人的多寡作參考。若想嘗試各種不同的口味，建議大家選擇小碗蓋飯，這樣就可以多吃幾家。

驛二市場主要銷售新鮮魚貨、昆布、干貝、魚乾等海產加工品和北海道特產的哈密瓜、蘆筍、玉米等蔬果。在市場中央有一處可讓觀光客體驗釣烏賊的「元祖釣池」，經過老闆的指導，釣到的烏賊可以立刻請師傅切成生魚片現場享用，現宰「尚青」的口

感讓人驚豔。

　　市場內也有很多銷售海膽、生蠔、燒烤的扇貝、螃蟹，以及現切哈密瓜的攤販，在元祖釣池旁有公共座位，可以買來盡情享受。吃不夠，2樓食堂還提供500日圓的海鮮蓋飯，而1樓購買的食材也可以請這裡代為烹調（需付代客料理費），或自行燒烤。

　　眼看那麼多活跳的新鮮海產沒辦法帶回台灣雖然令人扼腕，但朝市內有很多店家代客料理，像是台灣難得一見的毛蟹或是帝王蟹，現宰現煮，味道非常鮮甜，既然遠到此地，不嚐嚐看就可惜了。朝市最熱絡的時段是早上8點至10點，下午2點以後，大部分的店家都關門休息，要來一定要趁早喔。

1 可體驗釣烏賊的元祖釣池
2 現烤的牡蠣
3 現切的哈密瓜

1 很多店家都有提供代客料理的服務
2 也可在此品嚐到新鮮的海膽
3 主打海鮮蓋飯等海鮮料理的蓋飯
横丁市場

函館ひかりの屋台　大門横丁

はこだて　　　　　　　　　　や　だい　　だいもんよこちょう

ha.ko.da.te hi.ka.ri no ya.da.i da.i.mo.n yo.ko.cho.o

函館光之屋台　大門橫丁

函館光之屋台
大門橫丁

離函館車站只有5分鐘徒步距離的大門橫丁，是由26家店鋪所組成的「屋台（路邊攤）村」。雖名為屋台，但都是室內店鋪，天氣好的時候，店家會將桌椅擺在門外，便成了名符其實的屋台。不論是店鋪的外觀還是店內的陳設，都洋溢著濃濃的昭和氛圍。

26家店鋪當中，有拉麵、壽司、爐端（燒烤）、海鮮炭烤、海鮮居酒屋、和食、炸串、成吉思汗烤肉、天婦羅、立飲（沒有座位的酒吧）、韓國料理等專門店，幾乎沒有重複，而且價格相當合理，非常適合淺嚐小酌，一家接一家來續攤。

網　http://www.hakodate-yatai.com/
地　函館市松風町7-5
電　0138-24-0033
交　由JR函館車站徒步約5分鐘
營　各店鋪不一，大致從黃昏開始營業

店家分布圖

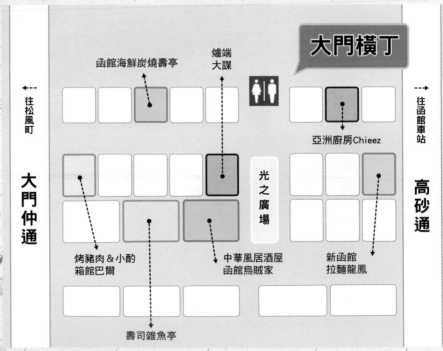

各家營業的時間大致上是從下午5點開始（雜魚亭壽司店、龍鳳拉麵中午有營業），造訪的客人主要是在地人，特別是下班的上班族，最擁擠的時段是 8 點左右。因為每家店鋪面積不大，大部分是吧檯的座位，和當地人並肩而坐，體驗當地人生活或文化交流，也是一種樂趣。

1 大門橫丁入口
2 居酒屋
3 拉麵店

もとまち

元町

mo.to.ma.chi

元町

　　元町主要是指市電「十字街」車站至「函館どつく」（＜ ha.ko.da.te do.k.ku ＞；函館 DOCK）車站之間的區域，可從「函館站前」車站搭乘市電至「十字街」車站或「末廣」車站，約 5 ～ 7 分鐘即抵。

　　經過了 230 年的鎖國時代，在 1859 年和長崎、橫濱同時對外開港之後，這一帶被定為外國人的居留地，有很多外國人居住此地，因此留下很多洋館、教會與領事館，像是後面會介紹的 2 大洋館與 3 大教會，以及利用古老民家改裝的咖啡屋與雜貨店。而位於高台的元町，也因坡道享有盛名，像是八幡坂可從坡上遠眺停泊在港口的摩周丸，還可將函館港盡收眼底。搭配沿道高聳的街樹，眼前呈現的景緻不禁讓人讚嘆，有很多電影、連續劇和廣告都曾經在這裡拍攝。接下來就讓我們趕快來看看元町有什麼不可錯過的景點吧。

前往元町最方便的「十字街」車站

1
2 3

1 古老民家改裝的懷舊咖啡屋
2 可以尋寶的雜貨店
3 常在電影電視出現的八幡坂

元町地圖

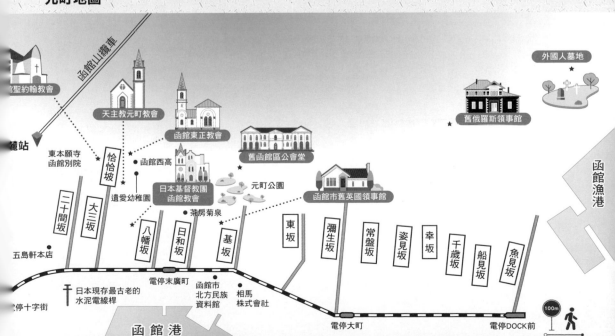

函館山纜車

聖約翰教會

天主教元町教會

函館東正教會

舊函館區公會堂

外國人墓地

舊俄羅斯領事館

纜站

東本願寺
函館別院

恰恰坂

函館西高

函館市舊英國領事館

函館漁港

日本基督教團
函館教會

遺愛幼稚園

元町公園

二十間坂

大三坂

八幡坂

日和坂

基坂

東坂

彌生坂

常盤坂

姿見坂

幸坂

千歲坂

船見坂

魚見坂

五島軒本店

茶房菊泉

日本現存最古老的
水泥電線桿

電停末廣町

函館市
北方民族
資料館

相馬
株式會社

電停十字街

函館港

電停大町

電停DOCK前

100m

TIPS 元町坂道物語

位於函館山麓的「元町區域」坂道（坡道）很多，而且都是一直線平行朝向海港，大部分是在1879年的大火之後修築而成。由於兩側沿坡的路樹與和洋折衷建築物的點綴，風景非常優美，是函館代表的景觀之一。像是常在電視廣告或電影出現的八幡坂、冬天會裝飾燈飾的二十間坂、通往元町公園和舊函館區公會堂的基坂、可將教會群盡收眼底的「チャチャ登り」（< cha.cha.no.bo.ri >；恰恰坂，名稱來自愛努語的「爺爺」，可想而知因為坡度陡峭，走起來會很像老人）等19條坡道都是。也因為這一帶淨是坡道，一定要穿好走的鞋子，否則後果不是脫皮就是鐵腿喔。

1 可將3大教會盡收眼底的恰恰坡
2 沿著坡道路樹與和洋折衷的建築，交織出美麗的畫面

旧函館区公会堂

きゅうはこだて く こうかいどう

kyu.u ha.ko.da.te.ku ko.o.ka.i.do.o

舊函館區公會堂

舊函館區公會堂

　　舊函館區公會堂是因為居民的集會所被大火燒毀，在1910年由富商「相馬哲平」捐款興建而成的洋式建築。木造的主樓左右對稱，並雕飾有唐草花紋，灰藍的外牆搭配黃色的陽台與窗櫺非常醒目，無時無刻不散發出文藝復興風格之美。

　　舊函館區公會堂和皇室的淵源頗深，大正天皇、昭和天皇都曾下榻於

🌐 http://www.zaidan-hakodate.com/koukaido/

📍 函館市元町11-13

📞 0138-22-1001

🚃 市電「末廣町」車站下徒步約7分鐘

🕐 9:00～19:00（11月～3月 ～17:00）
每月一天不定休（5月～8月無休，詳細請參考官網，有中文）

💰 入場費大人300日圓、學生150日圓、未就學兒童免費

舊函館區公會堂

此，而明仁天皇與皇后也曾造訪。從館內各廳室的天花板、燈具、家具等裝潢，可窺見當時豪華的氛圍，在1974年被日本政府指定為重要文化財。

除了欣賞建築之美，館內的Haikara衣裳館還提供西洋禮服的租借服務（20分鐘1,000日圓），喜歡拍照的朋友，不妨變身紳士淑女，留下美麗的倩影吧。

1 公會堂內豪華的大廳
2 穿上西式禮服在洋館內照相是難得的體驗
3 藉由館內展示的家具，可想像當時豪華的氛圍

もとまちこうえん
元町公園
mo.to.ma.chi ko.o.e.n

元町公園

元町公園

　　被列為日本歷史公園百選之一的元町公園，為位於基坂高台的庭園風公園，以前是箱館（函館舊稱）奉行所（公家機關）和北海道廳函館支廳的所在地，為昔日函館及道南的政治中心。園內有將支廳舍修復的建築（目前為函館市元町觀光案內所）、舊開拓使函館支廳的書籍庫，與對函館開發有重大貢獻的函館四天王銅像。了解過去的開拓歷史，站在庭園眺望坡下的景緻，也別具一番風味。

地　函館市元町12-18

電　0138-27-3333

交　市電「末廣町」車站卜徒步約7分鐘

營　公園24小時
　　寫真歷史館
　　9:00～19:00（4月～10月）
　　9:00～17:00（11月～3月）

費　入園費免費，寫真歷史館200日圓

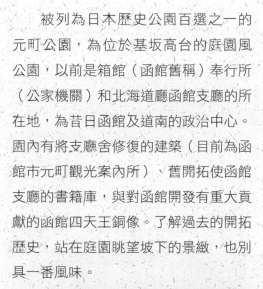

1 四天王像
2 被指定為有形文化財的舊北海道廳函館支廳廳舍
3 舊開拓使函館支廳的書籍庫

函館市旧イギリス領事館（開港記念館）

はこだて し きゅう　りょう じ かん　かいこう き ねんかん

ha.ko.da.te.shi kyu.u i.gi.ri.su ryo.o.ji.ka.n ka.i.ko.o ki.ne.n.ka.n

函館市舊英國領事館（開港紀念館）

函館市舊英國
領事館

　　函館市舊英國領事館是在 1913 年由英國設計師所設計的建築物，採用的是科洛尼亞樣式外面塗漆的磚式建築，至 1934 年為止一直發揮著領事館的機能。館內有展覽室，可了解開港當時的歷史。6 月～ 7 月，外部庭園會綻放繽紛多彩的玫瑰花，更添優雅。建議坐在附設的茶室，一邊享用正統的英式下午茶，一邊欣賞庭園的風景。館內還有小賣店銷售英國風味的進口雜貨、紅茶、茶點，不妨參考看看。

網　https://hakodate-kankou.com/british/

地　函館市元町33-14

電　0138-27-8159

交　市電「末廣町」車站下徒步約6分鐘

營　9:00～19:00（4月～10月）
　　9:00～17:00（11月～3月）

費　入場費300日圓（舊函館區公會堂的
　　共通入場券500日圓）

1 6、7月庭園會綻放繽紛的玫瑰
2 函館市舊英國領事館

三大教堂
カトリック元町教会
もとまちきょうかい

ka.to.ri.k.ku mo.to.ma.chi kyo.o.ka.i

天主教元町教會

天主教
元町教會

- 🌐 https://www.hakobura.jp/db/
  db-view/2011/04/post-60.html
- 🏠 函館市元町15-30
- ☎ 0138-22-6877
- 🚋 市電「十字街」車站下徒步約10分鐘
- ⏰ 10:00～16:00（星期天上午做禮拜或
  教會舉辦活動時除外）
- 🈺 12月30日～1月5日

　　原由法國傳教士在 1859 年創建，1907 因大火燒毀，目前的教會是重建於 1924 年的哥德式建築。33 公尺的鐘樓與六角形屋頂上守護著教會的風見雞、十字架互相輝映，美不勝收。另外，教堂內還有 150 週年紀念時，羅馬教皇贈送的祭壇，非常肅穆莊嚴，不宜錯過。

1
2 3

1 哥德建築樣式的天主教
元町教會
2 3 別忘了抬頭看看屋頂
的風見雞與聖母像

三大教堂

はこだて
函館ハリストス正教会 せいきょうかい

ha.ko.da.te ha.ri.su.to.su se.e kyo.o.ka.i

函館東正教會

函館
東正教會

- 網 http://orthodox-hakodate.jp/
- 地 函館市元町3-13
- 電 0138-27-3333
- 交 市電「十字街」車站下徒步約12分鐘
- 營 10:00～17:00（星期六～16:00，
  星期日13:00～16:00）
- 休 12月26日～3月中旬不定休
- 費 入館費200日圓（捐獻）

　　函館東正教會，又稱「主的復活聖堂」，是由俄羅斯初代領事在1860年所建，也是日本最早的正教會聖堂。初代的建築因1907年的大火被燒毀，現有的建築是1916年改建而成，特殊的拜占庭式風格，在1983年被指定為國家重要文化財。因為鐘聲非常優美悅耳，東正教會還擁有「ガンガン寺」（< ga.n.ga.n te.ra >；響響寺）的美稱，並在1996年被日本環境廳列入「日本之音風景百選」之一。

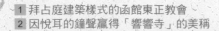

1 拜占庭建築樣式的函館東正教會
2 因悅耳的鐘聲贏得「響響寺」的美稱

三大教堂
はこだてせい
函館聖ヨハネ教会
きょうかい
ha.ko.da.te se.e yo.ha.ne kyo.o.ka.i

函館聖約翰教會

函館
聖約翰教會

　　聖約翰教會是英國傳教士在 1874
年創建，為北海道基督新教最早的教
會。因數度被大火燒毀，現有的聖堂是
在 1979 年落成，為中世紀歐洲教會的
樣式。建築物四面十字架的摩登造型是
最引人矚目之處，從恰恰坡上眺望，可
以清楚看到建築物呈十字形。

網 http://nskk-hokkaido.jp/church/
hakodate.html
地 函館市元町3-23
電 0138-23-5584
交 市電「十字街」車站下徒步約15分鐘
營 僅供外部自由參觀

特殊的十字架設計是聖約翰教會的獨特風格

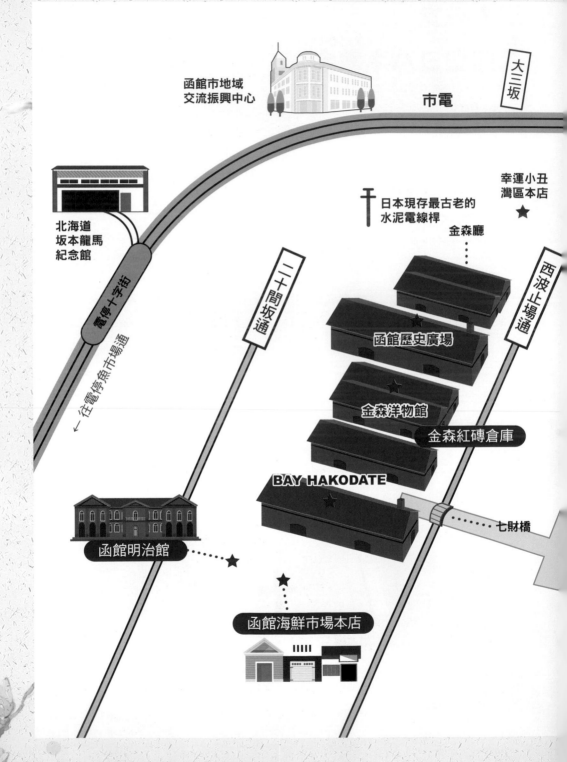

函館市地域
交流振興中心

市電

大三坂

北海道
坂本龍馬
紀念館

電停十字街

←往電停魚市場通

二十間坂通

日本現存最古老的
水泥電線桿

幸運小丑
灣區本店

金森廳

西波止場通

函館歷史廣場

金森洋物館

金森紅磚倉庫

BAY HAKODATE

七財橋

函館明治館

函館海鮮市場本店

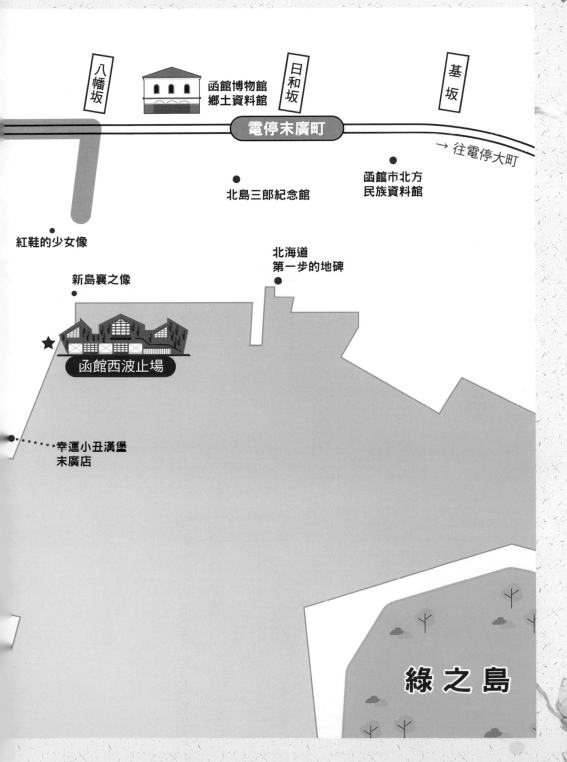

八幡坂

函館博物館
鄉土資料館

日和坂

基坂

電停末廣町

→ 往電停大町

北島三郎紀念館

函館市北方
民族資料館

紅鞋的少女像

北海道
第一步的地碑

新島襄之像

函館西波止場

幸運小丑漢堡
末廣店

綠之島

145

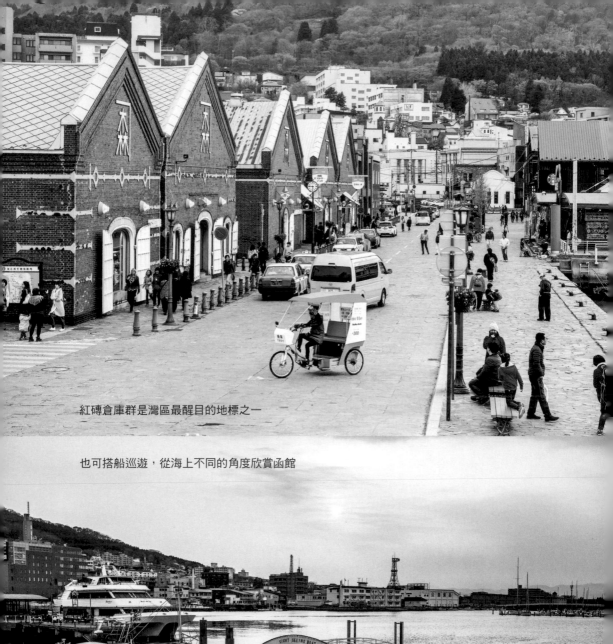

紅磚倉庫群是灣區最醒目的地標之一

也可搭船巡遊，從海上不同的角度欣賞函館

灣區

🚃 由「函館站前」車站搭市電至「十字街」車站約5分鐘
由市電「十字街」車站徒步至紅磚倉庫約5分鐘
由市電「末廣町」車站沿函館港至紅磚倉庫約6分鐘

　　遠在成為日本最初國際港之前的江戶時代開始，函館港就一直是漁船、貨物頻繁來往的天然良港。周邊有很多昔日遺留下來的建築和紀念碑，現在則是函館主要的觀光區。觀光主要是以金森紅磚倉庫為中心，可搭乘遊

1 灣區內有很多美食餐廳可大飽口福
2 製造於大正時代、日本現存最古老的水泥電線桿

船來趟海上巡遊之旅，以不同的角度來欣賞岸上的風光。灣區也是享受美食的天堂，特別推薦面臨海灣、可一邊欣賞海景一邊享用餐點的餐廳或咖啡屋，像是「幸運小丑」或星巴克，都能享受片刻悠閒的休憩時光。

TIPS　乘船巡遊函館灣

除了親自踏訪，搭船從海上用另一個角度眺望倉庫群與函館山，可感受到不同的魅力。要搭船巡遊函館灣有兩種選擇，分別是「金森ベイクルーズ」（< ka.ne.mo.ri be.e ku.ru.u.zu >；金森海灣周遊觀光船）與「函館ベイクルーズ・ブルームーン」（< ha.ko.da.te be.e ku.ru.u.zu bu.ru.u.mu.u.n >；函館海灣周遊觀光船・藍月）。前者船體較小、速度較快，出發穿越七財橋之後繞行函館灣一周約15分鐘，由海上眺望函館市街別有風味。至於後者，是可搭載200人的大型船，速度較緩，白天繞行函館灣一周約30分鐘，晚上的航程約1小時，除了函館灣，還會抵達津輕海峽附近，在夜色的籠罩下，展現出不同的風貌。運氣好的話，還能看到海豚。

金森海灣周遊觀光船

網　http://www.kyodo-tsusen.com/
地　函館市豐川町11-5 BAY函館內堀
營　4月～11月30日 10:00～17:00
費　大人1,700日圓，兒童700日圓

函館海灣周遊觀光船・藍月

網　http://www.hakodate-factory.com/bluemoon/
地　函館市末廣町14-17（幸運小丑末廣店旁）
營　4月底至12月初 10:30～18:00（11、12月11:30起，6、7、8月至18:30）
費　白天大人1,800日圓，兒童900日圓，幼稚園童350日圓，3歲以下免費
　　晚上大人2,800日圓，兒童1,400日圓，幼稚園童580日圓，3歲以下免費

1 金森海灣周遊觀光船
2 函館海灣周遊觀光船・藍月

金森赤レンガ倉庫
かねもりあか　　　　　　そうこ

ka.ne.mo.ri a.ka.re.n.ga.so.o.ko

金森紅磚倉庫

金森
紅磚倉庫

　　金森紅磚倉庫是在 1909 年修建而成，已擁有 100 年以上歷史，目前是由倉庫改裝而成的「金森洋物館」（< ka.ne.mo.ri yo.o.bu.tsu.ka.n >；金森洋物館）、「函館ヒストリープラザ」（< ha.ko.da.te hi.su.to.ri.i pu.ra.za >；函館歷史廣場）、「BAY HAKODATE」、

網　https://hakodate-kanemori.com/tw

地　函館市末廣町14-12

電　0138-27-5530

交　由JR函館車站徒步約15分鐘
　　市電「十字街」車站下徒步約5分鐘

營　9:30～19:00（視季節會有變動）

金森紅磚倉庫群

「金森ホール」（＜ka.ne.mo.ri ho.o.ru＞；金森廳）所組成的綜合商業設施，也是函館最具代表性的觀光勝地。雖然外部看起來頗相似，但各館內部的陳設、店鋪、餐飲店不同，不會重複。

金森洋物館改造自兩棟倉庫，內部陳設是以創始者憧憬的「西歐豐富的生活文化」為主題，有很多漂亮實用的雜貨、食品、首飾、禮品土產、甜點咖啡店等 24 家店鋪，其中有不少店家都會提供免稅服務，所以別忘了攜帶護照喔。

緊鄰洋物館的歷史廣場為融合明治時代的浪漫與現代新文化的倉庫，內有銷售多樣精緻飾品的函館浪漫館、能暢飲函館在地啤酒的函館啤酒館與深受觀光客喜愛的 MILKISSIMO 冰淇淋店等 7 家店鋪。至於金森廳，主要是用來舉辦藝文活動的場地，以期函館文化的蓬勃發展，若有展示的話，不妨順道參觀。

BAY HAKODATE 同樣由兩棟倉庫組成，中間夾著一條運河水道。內有可以一邊欣賞運河、一邊享用美食的開放

1 精美的飾品讓人愛不釋手
2 銷售來自世界各國服飾、雜貨的店鋪
3 可一邊欣賞運河景緻一邊享受美食的餐廳

式餐廳,以及銷售精巧的音樂盒、飾品、服飾、生活雜貨的店鋪。活動廣場的一角還設置有幸福許願的銅鐘,不論是單身還是很幸福的情侶,都去敲一下吧。

金森紅磚倉庫入暮之後會打燈,金黃柔和的燈光與紅磚倉庫相互輝映,氣氛非常浪漫,可就近搭乘函館海灣周遊觀光船,用不同的視角,從海上欣賞岸上的景色。

1 設置於廣場內的幸福許願鐘
2 來份甜美的冰淇淋補充體力
3 最適合帶回去作伴手禮的和風雜貨

はこだて明治館
ha.ko.da.te me.e.ji.ka.n
函館明治館

函館明治館

函館明治館是由建造於 1911 年的舊函館郵局所改裝而成的購物中心。布滿綠色爬藤植物的外牆和佇立在門口的紅色郵筒，以及入口右側從舊時保存至今的古老信箱所交織而成的畫面，非常醒目。

網 http://www.hakodate-factory.com/meijikan/

地 函館市豐川町11-17

電 0138-27-7070

交 市電「十字街」車站下徒步4分鐘

營 10:00～18:00
（星期六、日、假日9:00～）

布滿綠色爬藤植物的明治館

 過去使用的信箱
2 3 製作精美的音樂盒

內部分為兩個樓層,1 樓有硝子明治館、音樂盒明治館、函館葡萄酒葡萄館、泰迪熊專賣店、噴砂玻璃體驗工房、手作音樂盒工房及特產店等店鋪。除了購物之外,很建議大家在工房體驗手作的樂趣。噴砂玻璃約耗時 90 分鐘,費用是 1,600 日圓,分成上午、下午兩個時段,各時段分別由 10 點和 14 點開始。音樂盒可從 30 多條樂曲當中挑選自己喜歡的曲子,並

搭配自己喜歡的外盒款式與配件,費用約為 2,625 ～ 3,150 日圓,自用送禮兩相宜。

2 樓是泰迪熊博物館,內部展示的泰迪熊有各界名人創作的泰迪熊,也有頗具歷史的古董泰迪熊,每隻表情不一,非常可愛。另外在 1 樓的中央廣場,每天的 11 點、14 點會舉辦音樂盒的演奏會,可別錯過喔。

西波止場

にしはとば

ni.shi.ha.to.ba

西波止場

西波止場

　　西波止場為座落在金森倉庫群一角的木造風味建築，內有銷售函館、道南產的海產和其他特產的攤位，以及品嚐新鮮海產、特產啤酒與鹽味拉麵的店鋪。2 樓還可體驗函館傳統水產如「鹽辛」（鹽漬發酵海鮮食品）或「松前漬」（用鯡魚卵、昆布、魷魚等材料醃漬的食品）等加工品的製作，製作時間約 60 分鐘，1,500 日圓。

　　因為營業時間比函館朝市還長，若錯過朝市的營業時間，或是朝市買不過癮的話，這裡也可以買到許多海產加工品。走累了還可以在旁邊函館的第一家星巴克看海喝咖啡，再閒適也不過了。

網　http://www.hakodate-factory.com/wharf/

地　函館市末廣町24-6 西波止場通

電　0138-24-8108

交　由JR函館車站徒步約15分鐘
　　市電「十字街」車站下徒步約5分鐘

營　8:00～19:00（視季節會有變動）

飲食、購物非常方便的西波止場

1 以海產物為主，內部銷售豐富的北海道特產
2 在旁邊的星巴克可以買到函館限定的商品

函館山展望台

はこだてやまてんぼうだい

ha.ko.da.te.ya.ma te.n.bo.o.da.i

函館山展望台

函館山
展望台

　要説函館最有人氣的景點，非函館山的展望台莫屬。待日落之後，城市的燈火亮起，從海拔 334 公尺高的函館山頂，就可將右邊的湯之川溫泉街、函館機場、津輕海峽，以及左邊的函館港、摩周丸、JR 函館車站和中央的五稜郭公園、大門地區盡收眼底。呈現在眼前的畫面，宛如閃閃發光的寶石，由於左右有函館港和津輕海峽，看起來也像香奈兒的雙 C 圖案，加上遠方海面的點點漁火，畫面之美讓人

屏息，除了被喻為百萬夜景，曾與香港、拿坡里並稱世界三大夜景，可見景觀之美。

　一般來説，纜車是觀光客最喜愛的交通方式，費用為來回 1,280 日圓，單程 780 日圓。若從 JR 函館車站搭乘登山巴士的話，單程只要 400 日圓，而且巴士 1 日乘車券或巴士市電共通券也可以使用，較為划算，還可省去轉換交通工具的麻煩。

函館百萬夜景

據說夜景最漂亮的時候是在日落的 30 分鐘之後，日落的時間因季節不同，可參考下表。還有函館山頂地勢較高，風又大，記得要注意多穿件衣服。另外，日落前會有大批遊客湧入，請盡量提早上山。

山頂展望台的 2 樓有觀景餐廳，若要奢華點，不妨點個套餐，一邊享用美食，一邊欣賞這世界級的夜景吧。

1 月	約 16:10	7 月	約 19:10
2 月	約 16:50	8 月	約 19:00
3 月	約 17:30	9 月	約 18:10
4 月	約 18:00	10 月	約 17:10
5 月	約 18:30	11 月	約 16:30
6 月	約 19:00	12 月	約 16:00

網 http://334.co.jp/

地 函館市函館山

電 0138-23-6288

交 1.由「函館站前」車站搭乘市電至「十字街」車站下，徒步約10分鐘至「纜車」站，或在JR函館車站巴士總站4號乘車處，搭乘函館山纜車接駁巴士或元町灣區周遊號巴士至「纜車站前」，再搭纜車至山頂，約3分鐘。（10月中旬起約2～3星期因維修停駛）

2.於JR函館車站巴士總站4號乘車處搭乘函館山登山巴士直接至山頂，約30分鐘。（11月中旬～4月下旬因函館山觀光道路禁止通行而停駛）。

營 屋內展望台10:00～22:00（10/16～4/24日至21:00）

1 從海拔334公尺函館山頂可將美景盡收眼底
2 每到黃昏，就會湧入大批的遊客，一睹百萬的美景

五稜郭公園
<ruby>五<rt>ご</rt></ruby><ruby>稜<rt>りょう</rt></ruby><ruby>郭<rt>かく</rt></ruby><ruby>公<rt>こう</rt></ruby><ruby>園<rt>えん</rt></ruby>

go.ryo.o.ka.ku ko.o.e.n

五稜郭公園

五稜郭公園

五稜郭是江戶時期函館港對外開放國際貿易，為防範外國勢力侵入而建造。設計者是精通西洋築城技術的學者「武田裴三郎」，建設耗時多年，從 1857 年起至 1866 年才正式完工。五稜郭是日本首座的西洋城郭，周圍有 1,800 公尺護城河圍繞，深度約 4 ～ 5 公尺，為了讓防衛沒有死角，所以蓋成星形。

網 http://www.city.hakodate.hokkaido.jp/docs/2014011601161/

地 函館市五稜郭町44

電 0138-31-5505

交 市電「五稜郭公園前」或巴士「五稜郭電停前」車站下，徒步約18分鐘
巴士「五稜郭公園入口」車站下，徒步約10分鐘
五稜郭塔接駁巴士至「五稜郭塔」車站下，徒步約3分鐘

營 5:00～19:00（11月～3月至18:00）

費 入園免費

五稜郭地圖

五稜郭地圖

中央圖書館

至 國道5號線 →

中央警察署

特別史跡 五稜郭

箱館奉行所

五稜郭塔

巴士站「五稜郭公園入口」

至 JR函館車站 ←

北海道新聞

道立美術館

藝術廳 北洋資料館

五稜郭病院

銀行

巴士站「五稜郭電停前」

至 湯之川溫泉 →

至 函館山

丸井今井

市電「五稜郭公園前」

呈星形的五稜郭

五稜郭也是戊辰戰爭的最後一場戰役「箱館戰爭」的舞台，有不少讓崇拜幕末英雄的人感興趣的歷史與景點。如果要暢遊五稜郭公園，可從一之橋起程，經過防止敵人入侵的石牆，再前往瞻仰設計者武田斐三郎的顯彰碑，據說撫摸臉部會使頭腦變好。接下來就是參觀活躍在當時的大砲、兵糧庫，最後是箱館奉行所。因箱館戰爭，奉行所遭破壞殆盡，目前的建築是花費 4 年的歲月在 2010 年完成，規模是以前的 3 分之 1，內部分別設有建築復原區、映像館、歷史發現區、再現區 4 區來介紹五稜郭相關的歷史（入館費 500 日圓，開放時間為 9:00～18:00，11 月～3 月至 17:00）。

1 幕末英雄土方歲三雕像
2 可一窺五稜郭相關歷史的奉行所

TIPS 箱館戰爭

發生在1868年12月4日至1869年6月7日、以五稜郭為舞台的箱館戰爭，是新政府軍與舊幕府軍的戊辰戰爭中最後的一場戰役。因新政府軍砲火的猛攻，新撰組副長土方歲三戰死，率領舊幕府軍的榎本武揚等人開城投降，舊幕府的抵抗勢力完全結束。而被視為幕末英雄的土方歲三，至今仍受眾人的景仰。

另外，自1913年起，日本政府在現址廣植1,600株的櫻花，而今每到4月下旬至5月上旬的櫻花季，一片粉紅的花海總讓來訪者讚嘆不已，目前是北海道著名的賞櫻名所。

被日本政府指定為國家特別史蹟的函館五稜郭，在每年5月的第3個週六和週日會舉行五稜郭祭，在慶祝遊行的隊伍當中可以看到裝扮成「土方歲三」、「榎本武揚」等相關歷史人物，非常有趣。

1 據說撫摸顯彰碑上武田斐三郎的臉部會使頭腦變好
2 每到櫻花季，一片粉紅花海讓人驚豔　3 內部設有4區可了解五稜郭的相關歷史

五稜郭タワー
ご りょうかく

go.ryo.o.ka.ku ta.wa.a

五稜郭塔

五稜郭塔

　　高達 107 公尺的五稜郭塔就座落在五稜郭公園旁，1 樓是賣場和展望台的售票處，2 樓有海鮮料理「旬花」和「五島軒咖哩店」等餐廳和「MILKISSIMO」冰淇淋專賣店，可以在此稍做休息。

　　以五稜郭為形象的五角形展望台，分成 90 公尺和 86 公尺處 2 個展望室，能享受 360 度環視的全景，同時也是俯瞰五稜郭公園絕佳的地點。1 樓展望室有部分可從透明玻璃俯瞰下面的風景，非常有趣。2 樓展望室為五稜郭歷史迴廊，展示有五稜郭立體模型、箱館戰爭的人偶和土方歲三的銅像等，可一窺五稜郭的歷史。

網 http://www.goryokaku-tower.co.jp/

地 函館市五稜郭町43-9

電 0138-51-4785

交 市電「五稜郭公園前」或巴士「五稜郭電停前」車站下，徒步約15分鐘
巴士「五稜郭公園入口」車站下，
徒步約7分鐘
五稜郭塔接駁巴士至「五稜郭塔」
車站下即抵

營 8:00～19:00
（10月21日～4月20日9:00～18:00）

費 入館費900日圓，兒童450日圓，
未滿小學免費（1、2樓免費）

1 五稜郭歷史迴廊展示的人偶可讓人想像當時的狀況

1 2 　**2** 高達107公尺的五稜郭塔

湯の川温泉
ゆ　かわおんせん

yu.no.ka.wa o.n.se.n

湯之川溫泉

湯之川
溫泉車站

　　湯之川溫泉是北海道三大溫泉鄉之一，也是日本離機場最近的溫泉。據説遠從 1653 年，為了治療松前藩主嫡子的重病，而開始使用這裡的溫泉。而幕末榎本武陽也為了治療傷兵，造訪過此地。到目前為止，每年約有 180 萬人造訪，享有很高的人氣。即使不住宿，這裡有很多旅館都提供當天來回的泡湯服務，想更便宜一點的話，這一帶也有普羅大眾的錢湯。此外，市電「湯之川溫泉」車站附近還有免費的足湯，不泡一下怎行（請記得自帶毛巾）。

網 http://hakodate-yunokawa.jp/
（函館湯之川溫泉旅館協同組合）

交 由「函館站前」車站搭乘市電至「湯之川溫泉」車站約30分鐘
由函館機場搭乘接駁巴士至湯之川溫泉約8分鐘

湯之川溫泉地圖

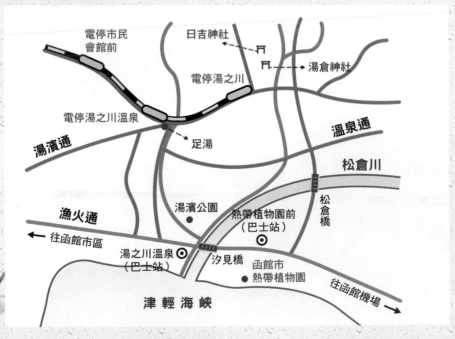

泡湯之外，這附近還有湯之川溫泉發祥地的湯倉神社，以及可以看到猴子泡湯的熱帶植物園（可在函館站前巴士總站 3 號乘車處搭乘 96 系統公車前往），值得一訪。每年 8 月中旬，當地還會舉辦「湯之川溫泉花火大會」，詳細可參考如上網頁。

1 即使不住宿，也有很多旅館提供泡湯服務

2 市電車站附近的免費足湯

3 12月至5月在熱帶植物園可看到猴子泡湯的景象，既可愛又療癒

沒吃到這些就不能說來過函館！！

いか
i.ka
烏賊

　　説到函館最著名的海鮮，非烏賊莫屬，連街上的人孔蓋都會繪製烏賊的圖案。在函館周邊漁場捕獲的烏賊非常味美，特別是活宰的烏賊呈透明狀，因肉質非常緊緻，生吃的話多切成長條形的素麵狀，而只有現宰才能食用的內臟，雖然看相不佳，但入口即化的鮮甜滋味一定讓您驚豔。不敢吃生食的朋友，也有烤烏賊、「いかめし」（＜ i.ka.me.shi ＞：烏賊裡面裝糯米炊煮而成的烏賊飯）、天婦羅等多樣的吃法。只要是有銷售海鮮的餐廳，一定看得到它的蹤跡。

「いかの姿焼き」（＜ i.ka no su.ga.ta.ya.ki ＞；烤烏賊）

繪製有函館名產——烏賊的人孔蓋

「活いか踊り造り」
（＜ ka.tsu i.ka o.do.ri.zu.ku.ri ＞；活跳烏賊生魚片）

「いかめし」
（＜ i.ka.me.shi ＞；烏賊飯）

かいせん
海鮮
ka.i.se.n

海鮮

　　函館由津輕海峽、日本海、太平洋三面環繞，每個季節都有不同的魚貝類盛產。像是 3 ～ 6 月的鮑魚與北寄貝、5 ～ 6 月的牡丹蝦、5 ～ 7 月的海膽、6 ～ 7 月毛蟹、7 ～ 12 月的鮪魚、11 ～ 3 月的扇貝等，不論是做成蓋飯、壽司或是燒烤，

1 2	
3 4	

1 「澎派」的海鮮蓋飯

3 鮮甜的螃蟹鍋

2 不敢吃生魚的話，也有燒烤等熟食

4 令人垂涎三尺的壽司

都能品嚐到食材本身的好滋味。若想一次網羅各式海鮮，觀光客聚集的朝市會是最佳的選擇，除了難以計數的美食餐廳可盡情享受各式的海鮮料理，也有多家攤販提供現場料理的海味，像是螃蟹鍋、烤牡蠣、烤扇貝，可以大飽口福。飽食之後，別忘了帶些海產加工品回去餽贈親友，像是干貝、昆布、魷魚絲、真空包裝的烏賊飯，都是很有人氣的伴手禮喔。

塩ラーメン
しお
shi.o ra.a.me.n
鹽味拉麵

　　說到北海道著名的拉麵，除了札幌的味噌拉麵，絕對不能遺漏函館的鹽味拉麵。自明治時代鹽味拉麵便開始流行，據說當時對中國的貿易相當盛行，在地華僑便從中國引進拉麵而成為鹽味拉麵的起源，經過長年獨自進化演變成現在的鹽味拉麵。以雞骨、豬骨、昆布、魚貝類等材料熬煮的湯頭看起來清澈透明，但卻有深厚香醇的滋味，加上略有彈性的細麵，可稱絕配。特別是寒冷的冬季，來碗熱騰騰的鹽味拉麵，再合適也不過了。

清澈的湯頭為特色之一

叉燒、筍乾、水煮蛋為基本配料，有的店家還會放上麩

洋食
ようしょく
yo.o.sho.ku
洋食

海鮮焗烤

　　在日本被稱為洋食的料理，實際上很多是配合日本人口味，把西洋料理加以變化而發展出來的料理。函館自開港以來，深受西洋文

各種口味的真空包裝咖哩飯

香味撲鼻的玉米濃湯

化的影響，經過獨自的進化，就出現了很多像焗烤、咖哩飯、蛋包飯、牛肉濃湯、漢堡排、炸蝦、炸可樂餅、義大利麵等「和洋折衷」的洋食。函館市內有多家名店和老字號提供味美的洋食，像是從明治時代就開業的五島軒，廣受當地人和觀光客的喜愛。另外像是咖哩飯、牛肉濃湯等洋食，也有真空包裝可以帶回去和親友分享喔。

燉煮得非常軟爛的牛肉濃湯

ジェラート＆ソフトクリーム

je.ra.a.to so.fu.to.ku.ri.i.mu

冰淇淋＆霜淇淋

除了海產、農產豐富，北海道也享有酪農王國的美譽，利用盛產的新鮮牛奶和水果所製作的冰淇淋和霜淇淋也絕對值得一試。加味的冰淇淋或霜淇淋固然美

味，但是既然專程來到北海道，不妨嚐嚐牛奶原味，相信會帶給味蕾前所未有的衝擊，入口後，牛奶香濃的滋味久久不散。位於函館歷史廣場和五稜郭塔的 MILKISSIMO、函館朝市的北海道牧場、或散居在元町地區的冰淇淋店，都能品嚐到這些好滋味喔。

香濃美味的冰淇淋

函館朝市內也有來自北海道牧場的冰淇淋店

元町地區有不少冰淇淋店散居其中

ラッキーピエロ マリーナ末広店
^{すえひろてん}

ra.k.ki.i pi.e.ro ma.ri.i.na su.e.hi.ro te.n

幸運小丑 Marina 末廣店

幸運小丑

在函館市內擁有 17 家分店的小丑漢堡，是當地非常著名的漢堡連鎖店，在地人要吃漢堡，幾乎是選擇幸運小丑。該店使用的都是北海道產的原料，而且不使用冷凍食材，並堅持點餐後新鮮手工製作，曾獲得日本漢堡愛好會的金牌獎，也收服了國內外饕客的味蕾。雖然價格親民，但品質已遠遠超出速食的水準。

該店提供多種漢堡店少見的漢堡，像是人氣 NO 1 的「チャイニー

網 http://luckypierrot.jp/
地 函館市末廣町14-17
電 0138-27-5000
交 市電「十字街」車站下徒步約6分鐘
營 10:00～24:30（星期六25:30）

ズチキンバーガー」（< cha.i.ni.i.zu chi.ki.n ba.a.ga.a >；中華雞肉漢堡）或是分量十足的「THE フトッチョバーガー」（< za fu.to.c.cho ba.a.ga.a >；巨無霸漢堡）都擁有眾多的愛好者。

店內店外色彩繽紛的設計

另外使用炸豬排、羊肉的漢堡也很特別，值得一嚐為快。漢堡之外，還提供咖哩飯、炒麵、蛋包飯等平價美食，可以不要在意荷包盡情享受。

幸運小丑的店鋪設計非常特別，各家分店都有各自的主題，在裡面用餐，宛如置身主題樂園，非常有趣。像是正對金森紅磚倉庫、臨海的 Marina 末廣店，坐在靠海的座位，就像在船上用餐一般，還可欣賞在函館港航行船隻的優美姿態。

各店的入口處還銷售餅乾、真空包裝的咖哩、「ガラナ」（＜ga.ra.na＞；瓜拿納碳酸飲料）、拉麵等幸運小丑的周邊商品，很適合帶回家當作伴手禮。

1

2 3

1 瓜拿納碳酸飲料
2 招牌人形幸運小丑
3 最享人氣的中華炸雞漢堡

活跳的烏賊是烏賊清的商標

いか清 大門
せい　だいもん
i.ka.se.e da.i.mo.n
烏賊清 大門

烏賊清

　　在函館的在地人之中，烏賊清是家具有相當口碑的居酒屋老店，而大門這家姊妹店是在 2016 年開設。從店名就可知道烏賊是這家老店的招牌料理，將現撈現宰的活烏賊製作成細長條狀的烏賊素麵，看起來非常晶瑩

- 網 https://r.gnavi.co.jp/3ew6c13y0000/
- 地 函館市若松町6-10
- 電 0138-27-1506
- 交 由JR函館車站徒步約2分鐘
   由市電「函館站前」車站徒步約1分鐘
- 營 17:00～24:00（星期日16:00～23:00）

剔透，擺上桌時烏賊腳還會動，新鮮看得見。因為新鮮，烏賊的內臟也可以生食，沒有一點魚腥味，非常鮮甜。另外，烏賊腳可以請店家烤熟或做成天婦羅，別具一番滋味。

其他還有許多像是在東京等大城市相當昂貴的牡丹蝦、鮑魚、海膽、扇貝等應時海鮮，價格相當親民，也推薦給大家。這些海鮮除了做成生魚片，還有壽司、蓋飯、天婦羅、燒烤等多樣的選擇，要品嚐函館的應時的美味，選這裡絕對不會失望。

1 2　1 現宰的烏賊呈透明狀，新鮮看得見　　2 烏賊腳可選擇燒烤和天婦羅兩種料理方式
3 4　3 其他應時的海鮮也非常推薦　　　　4 活跳的烏賊所製作的壽司也是招牌料理之一

五島軒本店

ご とうけんほんてん

go.to.o.ke.n ho.n.te.n

五島軒本店

五島軒

函館從日本最早的國際貿易港繁榮至今已有 150 年以上，洋食也普遍滲透至當地人的生活。堪稱函館洋食店代表的老字號「五島軒」，於 1879 年開業，歷史相當悠久，不僅當地人無人不知，在日本全國也擁有很高的知名度。

最推薦大家的招牌料理是自創業開始就提供的歐風咖哩，使用了 20 多種香料，經過獨家的料理手法，廣受大家喜愛，就連日本國內大型的超市都會銷售五島軒的咖哩真空包。

除了招牌咖哩飯，重現當代風味

網 http://www.gotoken.hakodate.jp/

地 函館市末廣町4-5

電 0138-23-1106

交 市電「十字街」車站下徒步約5分鐘

營 11:30～20:30（LO），
11～3月20:00（LO）
※1～2月每週一定休

臨近元町的五島軒本店

的其他洋食如牛肉濃湯、海鮮焗
烤，也是讓人回味無窮。若貪心
點想要一次品嚐各式洋食的話，
「明治洋食咖哩套餐」會是極佳
的選擇。要注意的是本店分為
「本館」與「雪河亭」，一般是
在雪河亭用餐，不要走錯喔。

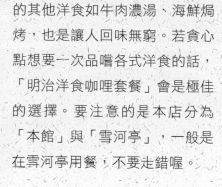

1 經濟實惠的明治洋食咖哩套餐
2 罕見的鴨肉咖哩
3 造型獨特的海鮮焗烤

函館麺厨房あじさい 駅前店

はこだてめんちゅうぼう　えきまえてん

ha.ko.da.te me.n.chu.u.bo.o a.ji.sa.i e.ki.ma.e te.n

函館麵廚房味彩 站前店

函館麵廚房味彩

網 http://www.ajisai.tv/

地 函館市若松町12-13 JR函館車站2F

電 0138-84-6377

交 JR函館車站2F

營 10:00～19:30（LO）

　　麵廚房味彩常有媒體報導，堪稱函館鹽味拉麵的代表。該店製作的拉麵始終堅守著創業當時的味道，用雞骨、豬骨、昆布等材料長時間熬煮的湯頭清澈透明，滋味深厚。此外，除了基本的叉燒、筍乾、蔥等配料，還有一般拉麵不常見的麩，相當特別，擄獲不少拉麵控的味蕾。其他像味噌拉麵、醬油拉麵、背脂拉麵（豬里脊肉上方的油脂做成的拉麵）、沾麵等其他拉麵也深獲好評。另外，在北海道地區，勾芡的炒麵也深受當地人喜愛，值得一試。

　　麵廚房味彩在五稜郭、新千歲機場、灣區也有分店，詳細位置請參考如上網頁。

1 就在車站2樓非常好找
2 招牌的鹽味拉麵

四季海鮮 旬花

しき かいせん しゅん か

shi.ki.ka.i.se.n shu.n.ka

四季海鮮 旬花

四季海鮮
旬花

　　「旬花」嚴選函館當地特產，除了函館最著名的烏賊料理，還有新鮮螃蟹、魚蝦貝類與面對津輕海峽的木谷內町所產的和牛料理，都值得一嚐為快。菜單以和食為主，從奢華的懷石、會席料理，到實惠的御膳（比定食多一兩樣主菜）、定食，有多種選擇。另外，生魚片、天婦羅、海鮮蓋飯、和牛燒肉、鍋燒飯（用小鍋子炊煮的菜飯）、海鮮燒烤等單點料理也非常豐富。平均價格在 1,500～3,000 日圓左右，這種價格對旅人的荷包來

網 http://www.shunka.jp/

地 函館市五稜郭町43-9 五稜郭塔2F

電 0138-30-6336

交 市電「五稜郭公園前」或巴士「五稜郭電停前」車站下，徒步約15分鐘
巴士「五稜郭公園入口」車站下，徒步約7分鐘
五稜郭塔接駁巴士至五稜郭塔下即抵

營 【午餐】11:00～15:30（LO 15:30）
　　【晚餐】17:00～21:30（LO 20:30）

説相當貼心。店內的座位大部分是包廂式，用餐環境非常高雅，很適合想寧靜享受用餐片刻的旅人。

1 用餐環境非常寧靜高雅

1 2　2 經濟實惠的定食

味処 きくよ食堂 本店

<ruby>味処<rt>あじどころ</rt></ruby> きくよ<ruby>食堂<rt>しょくどう</rt></ruby> <ruby>本店<rt>ほんてん</rt></ruby>

a.ji.do.ko.ro ki.ku.yo sho.ku.do.o ho.n.te.n

味處 菊代食堂 本店

味處菊代
食堂本店

網 http://hakodate-kikuyo.com/

地 函館市若松町11-15

電 0138-22-3732

交 由JR函館車站西口徒步約3分鐘

營 【夏季】5:00～14:00

　 【冬季12～4月底】6:00～13:30

　　創業於 1956 年的菊代食堂是函館朝市現存最古老的食堂，因極力使用新鮮食材，並以親民的價格提供，獲得很高的評價，不只是當地人，也吸引了日本各地的媒體與饕客。說到該店的菜單，當然不能不提人氣 NO 1 的元祖函館「<ruby>巴丼<rt>ともえどん</rt></ruby>」（＜ to.mo.e do.n ＞；巴丼）晶瑩剔透的鮭魚卵、入口即化的海膽、鮮甜的扇貝，三色組合非常催人食慾，不僅是該店始創，也是招牌料理。菜單以海鮮蓋飯為主，還有烏賊生魚片、烤魚等各種定食可供選擇。另外，特別提供的海鮮義大利麵也值得一試。面對市場、離本店 30 秒處的「巴通」，以及灣區、新千歲機場還有分店，詳細請參考如上網頁。

1 菊代食堂本店
2 招牌巴丼

朝市食堂 馬子とやすべ

あさいちしょくどう　ま　こ

a.sa.i.chi sho.ku.do.o ma.ko to ya.su.be

朝市食堂 馬子與 YASUBE

朝市食堂
馬子與
YASUBE

　　每到用餐時間到就可看到座無虛席的光景，是朝市橫丁市場內數一數二的人氣店鋪。薄利多銷是該店的宗旨，雖然使用的都是豪華的食材，但價格卻相當親民，這也是廣受喜愛的理由之一。菜單以海鮮蓋飯為主，有30多種，讓人很難抉擇，若不知從何挑選的話，可以試試該店最有人氣的「朝市五色丼」，有海膽、鮭魚卵、扇貝、甜蝦、鮭魚5種配料，可以一次享受多種的海味。

　　提醒大家別漏掉這裡的名物「いかソウメン」（＜i.ka.so.o.me.n＞；烏賊素麵），現宰活跳的新鮮烏賊，切成如麵線般的細條，滋味口感一級讚。另外還有烤魚、烤烏賊等菜單，不喜歡生食的朋友，也能盡興。

🌐 http://www8.plala.or.jp/makotoyasube/

📍 函館市若松町9-15朝市橫丁市場

☎ 0138-26-4404

🚃 由JR函館車站西口徒步約2分鐘

🕐 6:00〜17:00（冬季〜16:00）
　　星期三休

1 店前琳瑯滿目的樣本，讓人不知從何選起
2 晶瑩剔透、細如麵線的烏賊素麵

181

函館麺屋ゆうみん
はこだてめん や
ha.ko.da.te me.n.ya yu.u.mi.n

函館麺屋尤敏

函館麺屋
尤敏

1 營業到晚上11點，很適合來這裡吃宵夜
2 湯頭清爽不油膩

🌐 https://r.gnavi.co.jp/3y4m68h10000/

📍 函館市若松町19-1

📞 0138-22-6772

🚃 JR函館車站徒步約3分鐘
市電「函館站前」車站約119公尺

🕐 11:00～23:00（LO 22:30）

　舊的店名為「中華料理 拉麵 餃子 尤敏」，是家擁有70多年歷史的老字號。該店最有人氣的鹽味拉麵是以豬骨、雞骨為底熬製的湯頭，口味非常清爽，加上岩鹽與香油的絕妙搭配，可説是相當完美，單價650日圓，可搭配半份炒飯，才850日圓，非常划算。

　既然打著中華料理的招牌，當然也有像春捲、炒飯、煎餃這樣的經典料理。像是用薄薄的蛋皮包蔬菜的春捲、加了海鮮的「ちゃんぽん麺」（<cha.n.po.n.me.n>；強棒麵），另外，上面勾芡的炒飯也很特別。除了鹽味拉麵，這裡還有味噌、醬油、辣味噌等多種口味可供選擇，值得一試。

うにむらかみ 函館本店
はこだてほんてん
u.ni.mu.ra.ka.mi ha.ko.da.te ho.n.te.n

海膽村上 函館本店

海膽村上

網 https://www.uni-murakami.com/hakodate/

地 函館市大手町22-1

電 0138-26-8821

交 JR函館車站徒步約5分鐘

營 【4月下旬～10月31日】
早上 9:00～14:30（LO 14:00）
晚上 17:00～22:00（LO 21:00）
【11月1日～4月下旬】
早上 11:00～14:30（LO 14:00）
晚上 17:00～22:00（LO 21:00）
星期三休

從店名就知道該店主打的是海膽料理，不僅在函館擁有很高的知名度，日本全國各地大城市百貨公司的北海道特展，也都會出現。一般的海膽大部分都會使用明礬來保持海膽的形狀，該店因為是在自家工廠加工，可徹底溫度管理，保持鮮度，堅持不添加，所以不僅沒有明礬的澀味，入口即化、濃郁甘甜的滋味更勝一籌。無添加海膽蓋飯是該店第1人氣的料理，雖然價格不算便宜，卻能獲得深深的感動，絕對值得。其他像是生海膽、焗烤海膽、海膽天婦羅、海膽煎蛋、海膽可樂餅等相關菜單也非常豐富。除了海膽，在這裡也吃得到函館當地盛產的活烏賊等其他海鮮，這麼多好料就等大家來品嚐囉。

緊鄰函館朝市的海膽村上

以海膽為主的菜單很多

茶房 菊泉
（さぼう きくいずみ）
sa.bo.o ki.ku.i.zu.mi

茶房 菊泉

茶房菊泉

在擁有眾多咖啡屋的元町地區當中，菊泉具有相當獨特的風格。位置就在爬上八幡坂的右邊方向。該店利用的建築原是建造於 1921 年的酒類批發店，店內還四處裝飾著充滿古意的和風小物，古樸的氛圍讓人非常放鬆，被函館市指定為傳統的建造物。

網 https://hakodate-kanko.com/cafe-saboukikuizumi/
地 函館市元町14-5
電 0138-22-0306
交 市電「末廣町」車站徒步約8分鐘
營 10:00～17:00
星期四休（若為假日則營業）

原為酒類批發店，
後改裝成古民家咖啡屋

　　店內提供的菜單主要以和風甜品為主，像是手作的芝麻冰淇淋、甜薯、豆腐糯米丸子聖代等等，都很受歡迎。飲料方面，不論是紅茶還是咖啡，也都深受好評，可以點選優惠的套餐，非常划算。如果在元町走累了，很建議在這裡歇歇腳。

1 四處裝飾著和風小物的店內充滿古意
2 手工製作的甜薯和芝麻冰淇淋

附錄

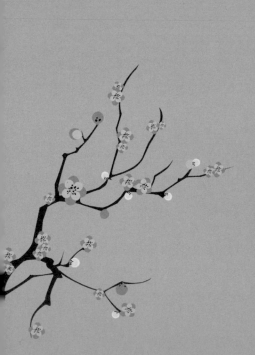

新千歳空港
しん ちとせ くうこう

shi.n chi.to.se ku.u.ko.o

新千歳機場

　　新千歲機場是進出北海道的主要門戶，不論是國際線還是國內線，班次都很多。撇開機場基本的運輸功能不說，機場航廈內部的設施非常完備，不論是購物、參觀、飲食，甚至看電影、泡溫泉，都一應俱全。建議排進行程，當作一個景點徹底繞上一圈，為北海道之旅畫下完美的句點。

　　首先可以就購物、美食、娛樂和

網 http://www.new-chitose-airport.jp/ja/
地 千歲市美美
電 0123-23-0111
交 JR新千歲機場車站
營 6:20～23:00（各設施有所不同）

休憩這四個主題來著手。就購物來說，像是國內線航廈的 2 樓就有綜合土產區、道產子產直市場（產地直銷

購物、美食、娛樂、休憩設施非常齊備的國內航站大樓

1 齊備北海道產各樣特產，即使漏買，這裡也補得齊
2 齊聚北海道人氣拉麵店於一堂的北海道拉麵道場
3 深受國人喜愛的薯條三兄弟

1
2 3

市場）、甜點街、藝品雜貨區，這些地方集結了北海道各地的名菓特產，旅行期間若遺漏什麼沒買到的話，這裡幾乎都補得齊。像是北菓樓、六花亭、Royce 巧克力、白色戀人、LeTAO、薯條三兄弟、薯塊三姊妹這些北海道必買的伴手禮，在這裡都買得到。

說到美食，這裡的規模也不容小覷。在國內線航廈的 3 樓有市電通食堂街、北海道拉麵道場、美食區、微笑之路甜點區等專區，有很多北海道內有名的飲食店在此設分店，不論是拉麵、湯咖哩、成吉思汗烤肉、海鮮

蓋飯、壽司、霜淇淋、冰淇淋等甜點，
這裡都享用得到。

　　若時間充裕的話，還可前往
「Royce Chocolate World」參觀巧
克力實際的製作過程，或是「哆啦
A夢空中樂園」、「HELLO KITTY
HAPPY FLIGHT」等卡通人物主題園
區體驗歡樂的氣氛。

　　最後要提醒大家的是，不要因為
太好逛了而忘了搭機的時間，據說新
千歲機場錯過搭機時間的機率，可是
日本全國第一呢。

1 可參觀巧克力實際生產過程的Royce
　Chocolate World
2 讓化身為空服員的HELLO KITTY帶
　大家環遊世界
3 各主題園區都有銷售豐富的周邊商品

日本旅遊購物須知

旅日簽證

　　目前日本對台灣旅客實施短期（90日以內）觀光免簽證措施，免簽證是以觀光、醫療、拜訪親友、參加講習、業務聯繫等目的做短期停留的旅客為對象，若是從事領取報酬的活動、留學等其他狀況就需要簽證。詳細可參考日本交流協會網頁。http://www.koryu.or.jp/taipei-tw/ez3_contents.nsf/Top

日本的貨幣和匯率

　　日本通行的貨幣單位為「日圓」，有1、5、10、50、100、500日圓硬幣和1,000、2,000（目前市面上已少見）、5,000、1萬日圓紙鈔。雖然日本機場和少數銀行或兌幣處可以台幣兌換日幣，但匯率不佳，建議在出國前先換好會比較划算。

　　此外，使用具有跨國提款功能的提款卡也可以在日本國內提領日圓現金，不過要注意的是並非日本境內所有的提款機都可使用，必須是具有跨國提款服務功能的提款機才行（提款機上有「PLUS」或「Cirrus」等標示）。如果不好找，也可以在日本郵局、7-11便利商店或各處「7銀行」（7-11經營的銀行）的自

動櫃員機使用信用卡或提款卡（請自行確認使用的提款卡或信用卡有無跨國提款功能）提領日圓現金，而每筆交易也都需要手續費。有關 7 銀行詳細內容請參考如下網頁。http://www.sevenbank.co.jp/intlcard/index5.html

免稅

　　日本現在的消費稅為 8%，在有「TAX FREE」或「TAX REFUND」標記的店家，即可享受免消費稅的優惠。一般來說，免稅商品分為食品、藥品、化妝品、健康食品等「消耗品類」，以及家電、服飾、皮包、鞋子等「一般物品類」，只要分別在一個店家一次購買未含稅價格 5,000 日圓以上的商品，就能享受免稅優惠。

　　要注意的是消耗品類，店家會幫你密封包裝，待回國之後才能拆開使用，而且必須在 30 天以內攜帶出境。另外，日本的機場沒有退稅櫃台，別忘了在購買時先行辦理免稅或退稅的手續喔。

購買優惠交通票券

在擬定行程時，建議大家先上網查詢有關外國遊客專用的「JR PASS 北海道鐵路周遊券」和札幌、小樽、函館等主要城市的交通優惠券，再根據天數及移動範圍，決定該買 3 日、5 日、7 日或任選 4 日的北海道周遊券。

北海道周遊券購買的方式有 2 種，可在出發前先向台灣的旅行社購買，或是抵達當地在新千歲機場的外籍旅客服務處、札幌車站的 JR 外籍旅客服務處或是函館的 JR 旅行中心購買。詳細請參考如下網頁。

http://www2.jrhokkaido.co.jp/GLOBAL/CHINESE/ticket/railpass/index.html

北海道的氣候與穿著

雖然北海道的氣候因地區有相當大的差別，但與日本其他地方比較起來，氣溫較低，即使夏天有些日子會超過30度，但早晚天氣還是比較涼。至於冬季，即使是白天，也經常低於零度以下，一定要做好禦寒的準備。

一般來說，每年 10 月中旬～11 月中旬就會開始下雪，至 3 月下旬～4 月中旬才會開始融雪。而 7 月～9 月是造訪北海道的最佳時機，不會太冷，氣候相當舒適。

至於穿著，要注意的是因為春天有些地方仍會下雪、早晚也很冷，依然得做好防寒的準備。夏天的話，白天短袖即可，但早晚天氣稍涼，要攜帶長袖上衣或薄外套比較安心。秋天大致從 10 月起，就得穿大衣、毛衣，可攜帶圍巾做調節。至於冬天，羽絨

可套在鞋上防止滑倒的冰爪

大衣、圍巾、毛帽、毛襪是必須用品，特別是積雪時，要注意路面凍結，否則很容易滑倒，建議穿雪靴或到北海道的便利商店購買止滑冰爪。另外，為防止雪地反射光造成眼睛不適，也要攜帶太陽眼鏡。

札幌、函館的氣溫與降雨量

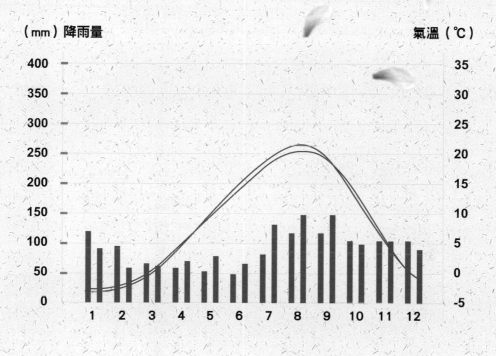

日本的國定假日

日期	日文名稱	羅馬拼音	中文名稱
1月1日	元日	< ga.n.ji.tsu >	元旦
1月第2個星期一	成人の日	< se.e.ji.n no hi >	成人節
2月11日	建国記念の日	< ke.n.ko.ku.ki.ne.n no hi >	建國紀念日
2月23日	天皇誕生日	< te.n.no.o ta.n.jo.o.bi >	天皇誕辰（2020年起）
3月21日	春分の日	< shu.n.bu.n no hi >	春分
4月29日	昭和の日	< sho.o.wa no hi >	昭和日
5月3日	憲法記念日	< ke.n.po.o ki.ne.n.bi >	憲法紀念日
5月4日	みどりの日	< mi.do.ri no hi >	綠化節
5月5日	こどもの日	< ko.do.mo no hi >	兒童節
7月第3個星期一	海の日	< u.mi no hi >	海洋節
8月11日	山の日	< ya.ma no hi >	山之日
9月第3個星期一	敬老の日	< ke.e.ro.o no hi >	敬老節
9月23日	秋分の日	< shu.u.bu.n no hi >	秋分
10月第2個星期一	体育の日	< ta.i.i.ku no hi >	體育節
11月3日	文化の日	< bu.n.ka no hi >	文化節
11月23日	勤労感謝の日	< ki.n.ro.o ka.n.sha no hi >	勤勞感謝日

※ 粉紅色和藍色區塊的連休分別是所謂的「黃金週休」與「白銀週休」。碰到這些大型連休或8月11日～15日的中元節，日本國內的陸空交通會很擁擠。

札幌、小樽、函館年間祭典

札幌

祭典名稱	日期	主要會場	內容
札幌雪まつり <さっぽろゆき> < sa.p.po.ro yu.ki.ma.tsu.ri > 札幌雪祭	2 月 1 日～ 2 月 12 日	大通公園、 薄野	北海道代表的祭典。大通公園各區域會展示很多冰像或雪像。
YOSAKOI ソーラン祭り <まつ> < yo.sa.ko.i so.o.ra.n.ma.tsu.ri > YOSOKOI 索朗祭	6 月 7 日～ 6 月 11 日	大通公園和 札幌市內	約有 280 個隊伍在市內大約 20 個舞台競演。
札幌夏まつり <さっぽろなつ> < sa.p.po.ro na.tsu.ma.tsu.ri > 札幌夏祭	7 月 20 日～ 8 月 17 日	大通公園	主要活動為札幌大通公園的露天啤酒園。
札幌オータムフェスト <さっぽろ> < sa.p.po.ro o.o.ta.mu fe.su.to > 札幌秋祭	9 月 7 日～ 9 月 30 日	大通公園	集聚北海道美食於一堂的活動，有很多美食的攤位。
札幌ホワイトイルミネーション <さっぽろ> < sa.p.po.ro ho.wa.i.to i.ru.mi.ne.e.sho.n > 札幌 White Illumination	11 月下旬～ 2 月中旬	站前通、 大通公園	會場會布置閃亮的燈飾，非常燦爛迷人。

小樽

祭典名稱	日期	主要會場	內容
小樽雪あかりの路 ＜ o.ta.ru yu.ki.a.ka.ri no mi.chi ＞ 小樽雪燈之路	2月上旬～ 2月中旬	小樽運河、 手宮線跡地	一到黃昏，市內各會場會點燃大量的燭火、燈光的搖曳，非常浪漫。

燦爛耀眼的札幌White Illumination

函館

祭典名稱	日期	主要會場	內容
函館港まつり <ha.ko.da.te mi.na.to.ma.tsu.ri> 函館港祭	8月1日～ 8月5日	函館市內	舞蹈遊行，第一天還有放煙火。
函館冬フェスティバル <ha.ko.da.te fu.yu fe.su.ti.ba.ru> 函館冬祭	12月～ 2月	元町地區	從元町全函館車站前有燦爛的燈飾，光是元町地區就使用了16萬個燈泡。

日本旅遊實用會話精選

【打招呼】

01 おはよう。
o.ha.yo.o
早安。

02 こんにちは。
ko.n.ni.chi.wa
午安。

03 こんばんは。
ko.n.ba.n.wa
晚安。

04 さようなら。
sa.yo.o.na.ra
再見。

05 ありがとう。
a.ri.ga.to.o
謝謝。

06 どういたしまして。
do.o.i.ta.shi.ma.shi.te
不客氣。

07 すみません /
ごめんなさい。
su.mi.ma.se.n go.me.n.na.sa.i
不好意思 / 對不起。

08 はい。
ha.i
是、對。

09 いいえ。
i.i.e
不是、不對。

10 ちょっと待ってください。
cho.t.to ma.t.te ku.da.sa.i
請等一下。

11 分かりません。
wa.ka.ri.ma.se.n
不懂、不知道。

12 これは何ですか。
ko.re wa na.n de.su ka
這是什麼？

13 ごちそうさまでした。
go.chi.so.o.sa.ma de.shi.ta
謝謝款待。（除了對招待者，在餐廳用餐後也可以用來表達對店員
或師傅的謝意）

【機場】

14 旅行の目的は何ですか。
ryo.ko.o no mo.ku.te.ki wa na.n de.su ka
旅行的目的是什麼？

15 観光です。

ka.n.ko.o de.su

観光。

16 荷物が見当たりません。

ni.mo.tsu ga mi.a.ta.ri.ma.se.n

我找不到行李。

17 両替したいんですが……。

ryo.o.ga.e.shi.ta.i n de.su ga

我想換錢……。

18 リムジンバスの切符売り場はどこですか。

ri.mu.ji.n ba.su no ki.p.pu u.ri.ba wa do.ko de.su ka

機場巴士的售票處在哪呢？

19 窓側／通路側の席をお願いします。

ma.do.ga.wa tsu.u.ro.ga.wa no se.ki o o ne.ga.i shi.ma.su

麻煩你，我要靠窗／靠通道的座位。

【計程車・巴士・電車】

20 新千歳空港までは大体いくらですか。

shi.n chi.to.se ku.u.ko.o ma.de wa da.i.ta.i i.ku.ra de.su ka

到新千歲機場大約多少錢？

21 五稜郭まではどれくらいかかりますか。

go.ryo.o.ka.ku ma.de wa do.re.ku.ra.i ka.ka.ri.ma.su ka

到五稜郭大約要多少時間呢？

22 白い恋人パークまでお願いします。

shi.ro.i ko.i.bi.to pa.a.ku ma.de o ne.ga.i shi.ma.su

麻煩你，我要到白色戀人公園。

23 ここでいいです。

ko.ko de i.i de.su

在這裡下車就可以了。

24 このバスは函館山へ行きますか。

ko.no ba.su wa ha.ko.da.te.ya.ma e i.ki.ma.su ka

這巴士去函館山嗎？

25 降ります。

o.ri.ma.su

下車。

26 札幌駅まで往復・片道一枚をください。

sa.p.po.ro e.ki ma.de o.o.fu.ku ka.ta.mi.chi i.chi.ma.i o ku.da.sa.i

請給我一張到札幌車站的來回 / 單程車票。

27 いつ発車しますか。

i.tsu ha.s.sha.shi.ma.su ka

什麼時候發車呢？

28 いつ頃着きますか。

i.tsu go.ro tsu.ki.ma.su ka

大約什麼時候抵達呢？

29 次のバス・終電・始発はいつですか。

tsu.gi no ba.su shu.u.de.n shi.ha.tsu wa i.tsu de.su ka

下一班巴士 / 末班車 / 頭班車是什麼時候呢？

【飯店・旅館】

30 チェックイン・アウトしたいんですが……。

che.k.ku i.n a.u.to shi.ta.i n de.su ga

我想辦理入住 ／ 辦理退房……。

31 朝食はどこで食べますか。

cho.o.sho.ku wa do.ko de ta.be.ma.su ka

早餐在哪吃呢？

32 セーフティボックスの暗証番号を忘れてしまったんですが……。

se.e.fu.ti bo.k.ku.su no a.n.sho.o.ba.n.go.o o wa.su.re.te shi.ma.t.ta n de.su ga

我忘記保險櫃的密碼了……。

33 ７０１号室のカギをください。

na.na.ma.ru.i.chi.go.o.shi.tsu no ka.gi o ku.da.sa.i

請給我 701 號房的鑰匙。

34 鍵を部屋に置き忘れたんですが……。

ka.gi o he.ya ni o.ki.wa.su.re.ta n de.su ga

我把鑰匙忘在房裡了……。

35 チェックインまで荷物を預かってもらえますか。

che.k.ku i.n ma.de ni.mo.tsu o a.zu.ka.t.te mo.ra.e.ma.su ka

行李可以寄放到辦理入住為止嗎？

36 午後まで荷物を預かってもらえますか。

go.go ma.de ni.mo.tsu o a.zu.ka.t.te mo.ra.e.ma.su ka

行李可以寄放到下午嗎？

37 預かってもらった荷物をお願いします。

a.zu.ka.t.te mo.ra.t.ta ni.mo.tsu o o ne.ga.i shi.ma.su

麻煩你，我要拿寄放的行李。

【餐廳】

38 すみません、メニューをください。

su.mi.ma.se.n me.nyu.u o ku.da.sa.i

不好意思，請給我菜單。

39 注文してもいいですか。

chu.u.mo.n.shi.te mo i.i de.su ka

我可以點餐了嗎？

40 あれと同じ物をください。

a.re to o.na.ji mo.no o ku.da.sa.i

請給我和那個同樣的東西。（手指著隔桌的餐點或牆上的圖片）

41 注文した料理がまだ来てないんですが……。

chu.u.mo.n.shi.ta ryo.o.ri ga ma.da ki.te na.i n de.su ga

我點的菜還沒來……。

42 これは頼んでないんですけど……。

ko.re wa ta.no.n.de na.i n de.su ke.do

我沒點這個……。

43 会計をお願いします。

ka.i.ke.e o o ne.ga.i shi.ma.su

麻煩你，我要結帳。

【購物】

44 いらっしゃいませ。
i.ra.s.sha.i.ma.se
歡迎光臨。

45 何かお探しですか。
na.ni ka o sa.ga.shi de.su ka
請問您要找些什麼呢？

46 見ているだけです。
mi.te i.ru da.ke de.su
我只是看看。

47 あれを見せてください。
a.re o mi.se.te ku.da.sa.i
請給我看看那個。

48 これはいくらですか。
ko.re wa i.ku.ra de.su ka
這個多少錢？

49 これをください。
ko.re o ku.da.sa.i
請給我這個。

50 カードでお願いします。
ka.a.do de o ne.ga.i shi.ma.su
麻煩你，我要刷卡。

51 お支払いはどうなさいますか。
o shi.ha.ra.i wa do.o na.sa.i.ma.su ka
請問您要怎麼付款？

52 一括払いでお願いします。

i.k.ka.tsu.ba.ra.i de o ne.ga.i shi.ma.su

麻煩你，我要一次付清。

53 お釣りが間違っています。

o tsu.ri ga ma.chi.ga.t.te i.ma.su

錢找錯了。

國家圖書館出版品預行編目資料

北海道三都物語：跟著Google Maps遊札幌、小樽、函館 / 林潔玨著
-- 初版 -- 臺北市：瑞蘭國際, 2019.04
208面；17×23公分 --（PLAY達人系列；15）
ISBN：978-957-8431-97-3（平裝）

1.旅遊 2.日本北海道

731.7909   108004562

PLAY達人系列 15

北海道三都物語
跟著Google Maps遊札幌、小樽、函館

作者｜林潔玨‧**攝影**｜林潔玨、S.C.Huang
責任編輯｜葉仲芸、王愿琦
校對｜林潔玨、葉仲芸、王愿琦

封面設計、內文排版｜方皓承
版型設計、照片校色｜陳如琪
地圖繪製｜林士偉

董事長｜張暖彗‧**社長兼總編輯**｜王愿琦
編輯部
副總編輯｜葉仲芸‧**副主編**｜潘治婷‧**文字編輯**｜林珊玉、鄧元婷
特約文字編輯｜楊嘉怡‧**設計部主任**｜余佳憓‧**美術編輯**｜陳如琪
業務部
副理｜楊米琪‧**組長**｜林湲洵‧**專員**｜張毓庭

法律顧問｜海灣國際法律事務所　呂錦峯律師

出版社｜瑞蘭國際有限公司‧**地址**｜台北市大安區安和路一段104號7樓之1
電話｜(02)2700-4625‧**傳真**｜(02)2700-4622‧**訂購專線**｜(02)2700-4625
劃撥帳號｜19914152 瑞蘭國際有限公司
瑞蘭國際網路書城｜www.genki-japan.com.tw

總經銷｜聯合發行股份有限公司‧**電話**｜(02)2917-8022、2917-8042
傳真｜(02)2915-6275、2915-7212‧**印刷**｜科億印刷股份有限公司
出版日期｜2019年04月初版1刷‧**定價**｜380元‧**ISBN**｜978-957-8431-97-3